COME LIMPIO

Carla Zaplana

COME LIMPIO

Alimentación para el cuerpo,
la mente y las emociones

Fotografías
María Ángeles Torres
Alberto Polo

COOKED
- BY URANO -

SUMARIO

Historia de Carla   7

**Filosofía COME LIMPIO
y los 7 pilares en los que se basa**   17

Grupos de alimentos   37

Los cuatro grandes grupos de alimentos y la
pirámide de la alimentación COME LIMPIO   38
Proteína animal y proteína vegetal   41
Leche y derivados   50
Vegetales y frutas   51
Cereales y otros almidones   57
Legumbres   61
Frutos secos y semillas   63
Fermentados   65
Algas y setas   67
Hierbas y especias   68
Aceites vegetales, edulcorantes y alcohol   69
Suplementación   71

**Combinación de los alimentos
y estructuración de las comidas**   77

Pautas para combinar
correctamente los alimentos   78
Estructuración de las comidas   83
¿Cuántas veces al día debemos comer?   85
En ayunas   87
Desayuno   88
Comida/almuerzo   90
Cena   92
Tentempiés   93
Resopón   94
Excepciones   95

**La ciencia detrás
del método COME LIMPIO**   97

Enfermedades más comunes   98
Sostenibilidad y salud del planeta   100
Ética en favor de los animales   101

El cuidado del yo interior   103

**Tu transformación COME LIMPIO:
cambio de alimentación en 3 fases**   113

Las tres fases y su planificación   114
Preguntas más frecuentes al iniciar
el cambio de alimentación COME LIMPIO   115
¿Cómo reducir los síntomas
de un proceso depurativo?   118
  → 1.ª fase: COME LIMPIO   121
  → 2.ª fase: COME LIMPIO *Veggie*   163
  → 3.ª fase: COME LIMPIO *Raw*   197
  → Recetas adicionales   230

Índice de recetas   242

Índice analítico   244

Índice de dolencias y remedios   248

Agradecimientos   250

Bibliografía   252

HISTORIA DE CARLA

«La mente es como un
paracaídas; solo funciona
si la abres».

– ALBERT EINSTEIN

Ver el mundo con la mente abierta, sin juzgar, valorando
la sabiduría y la enseñanza que todas las culturas,
personas y situaciones que he podido vivir tenían para
ofrecerme; probar, ver y adoptar nuevas costumbres,
ideas y puntos de vista me ha llevado a ser la persona
que soy hoy. Para mí, vivir es explorar, nutrirse de
educación y de experiencias. Para mí, esto es lo
que le da sentido al SER.

Recibe lo que la vida te brinda, conócelo y quédate
con lo que te haga vibrar, con lo que haga resonar tu
alma. Si te provoca armonía, guárdalo en ti; de lo
contrario, extrae su aprendizaje y déjalo ir. En la zona
de confort, a uno se le pasa la vida. Fuera de ella,
uno VIVE y ENTIENDE la vida.

Mi historia personal con los zumos y batidos verdes y, en general, con la filosofía COME LIMPIO, se remonta a mis primeros años de vida. Dicen que cuando uno tiene entre 0-6 años toda la esencia que determinará el carácter de esa personita se forma.

Nací en Figueres, una ciudad de la Costa Brava, a unos 150 kilómetros al norte de Barcelona y muy cerca de la frontera con Francia. Mis veranos y gran parte de los fines de semana los pasaba en la casita de madera que mis abuelos tienen en Mollet de Peralada, un pueblecito con encanto y donde yo tenía mucho contacto con el campo y la naturaleza. Recuerdo despertar todas las mañanas y salir corriendo al huerto de árboles frutales, trepar por sus ramas y recoger sus frutas. Era muy feliz ensuciándome la cara con el jugo de las cerezas, mordisqueando los deliciosos y suculentos melocotones amarillos, pelando las naranjas, tan gruesas y casi del tamaño de mi cabeza, y empachándome de nísperos y albaricoques. Esos colores, olores y sabores me fascinaban. Por aquel entonces, lo verde aún no era mi mejor amigo, pero sí recuerdo ir al huerto y jugar con los caracoles entre las lechugas o salir a buscar espárragos entre los olivos acompañada de mi madre y mis perros.

El descubrimiento de los «alimentos que curan»

Cuando ya aprendí a leer, encontré en casa una colección de libros de alimentación. Mi curiosidad me hizo abrir sus páginas y leer entre ellas que todos aquellos alimentos que tanto me agradaban eran buenos para la salud, te hacían sentir bien e incluso te «curaban».

Iba creciendo y pasé los años de la adolescencia creyendo que mi futuro sería el mundo de la empresa. Me veía como ejecutiva viajando por el mundo, haciendo grandes gestiones comerciales y creando estrategias de *marketing*. Pero, en mi subconsciente, algo seguía cultivándose: mi sensibilidad por la nutrición, por aquello que, literalmente, me mantenía viva, me permitía respirar, pensar y lograr lo que quería. Recuerdo la cara de decepción de mi profesor de biología cuando le dije: «No quiero estudiar nada de ciencias naturales, yo soy de números», tras terminar una presentación voluntaria sobre alimentación equilibrada delante de todos los compañeros de clase con quince años…

Llegó el momento de saltar a la universidad y, creyendo que tenía claro lo que iba a estudiar, tuve una pequeña crisis de dualidad. Por una parte, estudiar Empresariales me llevaría a la universidad, requisito incuestionable por parte de mis padres; por la otra, empecé a sentir un despertar de ese subconsciente, sentí que estudiar *business* no era el camino que me iba a ayudar a encontrar mi verdadero propósito en la vida. Vi claro que quería dedicarme a «cuidar», a ayudar a los demás a mejorar su estado de salud con mi granito de arena. Vi claro que eso era lo que me llevaría a la verdadera riqueza y satisfacción personal.

Me puse a revisar de nuevo todas las opciones que se ofrecían en las universidades de Barcelona, ciudad que me acogió durante mis cuatro años de carrera. Y, señores y señoras…, ¡vi la luz! Fue uno de esos momentos «¡Ahá!», «¡Aquí está la solución!» cuando leí sobre el grado de Dietética y Nutrición Humana. Para mi sorpresa, esos estudios eran una carrera universitaria, así que no tuve más dudas. Lo mejor, o peor, fue la cara de pasmo o poco convencimiento por parte de mi familia… «¿Pero esto se imparte en la universidad?», con muy poca fe en que me llevaría a un futuro próspero… O el comentario de mi profesor de Historia de bachillerato: «¡Te vas a quedar con hambre! ¡Debes estudiar medicina!».

Había encontrado lo mío, y sin dudarlo me embarqué en ello.

En la universidad, aprendí —y muchísimo— sobre bioquímica, farmacología y bromatología. Aprendí a contabilizar todas las calorías y nutrientes del mundo y un sinfín de tablas y criterios. Fue, obviamente, muy educativo y profesional. Mis asignaturas favoritas sin duda fueron Alimentación y Cultura, y Epidemiología y Salud Pública. Ambas me llevaban de viaje por todo el mundo: la primera por saber de tradiciones; la segunda, por mostrarme esos inmensos mapas del mundo proyectados en la pizarra, que no hacían más que llevarme a las nubes y hacer que me viera subida en aviones en dirección hacia esas culturas que, con diferentes tradiciones y problemáticas de salud, podrían enseñarme y enriquecerme mucho.

Mi alimentación por aquel entonces era «equilibrada». Seguía todo lo aprendido en las clases, un estilo de dieta mediterránea, y buscaba aquellos alimentos (irónicamente) «más sanos»: barritas de cereales para merendar, yogur desnatado de postre, pechuga de pavo o queso *light* de Burgos para mis bocadillos y ensaladas, alimentos enriquecidos con varias vitaminas… y sustituía la leche de vaca por leche de soja. Vivía creyendo que le estaba dando a mi cuerpo las mejores opciones del mundo. Más tarde me di cuenta que esa no era, ni de largo, la mejor elección.

Terminé la universidad y, justo un mes después de graduarme, el amor me hizo cruzar el charco. Mi curiosidad y espíritu aventurero me embarcaron en un nuevo viaje. Me fui a empezar una nueva vida en Estados Unidos. Un gran e inesperado choque cultural. Las diferencias en valores y, sobre todo, en cómo entendían la alimentación y el acto de comer abrió otro paradigma frente a mis ojos.

Mi primer destino, y ahora estoy inmensamente agradecida por lo que llevó a despertar en mí, fue Carolina del Norte, uno de los estados sureños conocido, en general, por tener una mentalidad más *country* o conservadora. Por decirlo de alguna manera, una América un tanto «profunda». El primer fin de semana en la nueva ciudad se celebraban las fiestas locales, que por supuesto visité. ¿Con qué me encontré allí? ¡Agárrate fuerte…!

Acostumbrada a los autos de choque, las casitas de disparos y las carreras de camellos, allí lo único que había era estands de «comida», y… ¡qué comida! Gente paseándose con muslos de pavo tan grandes como los que salían en los dibujos animados *Los Picapiedra*, galletas Oreo rebozadas y fritas, hamburguesas que se servían entre dos dónuts con kétchup, mayonesa, y eso sí, su rodaja de pepino y su hoja de lechuga (iceberg por supuesto), y, por si esto no fuera ya el colmo… ¡tacos de mantequilla rebozada y frita, pinchada en un palo como si fuera un chupachups! Eso sí que fue realmente un *WELCOME TO AMERICA* por la puerta grande…

Lo que vi me hizo entender esas barrigas tan grandes, esa piel tan rojiza y a la vez tan pálida; la sorprendente cantidad de personas que usaban motos eléctricas para moverse dentro de los supermercados, pues sus rodillas no aguantaban el peso de su cuerpo; esa necesidad de tomar tanta medicación… Las colas a las siete de la mañana en el McAuto eran una realidad y una gran cantidad de la población vivía así, creciendo en la «normalidad» de ese entorno.

Yo misma caí en algunas de sus trampas, como empezar a comer más queso y a usar muchas más salsas, básicamente con el fin de encontrar sabor en la comida. Iba al supermercado e intentaba comprar los mismos ingredientes que comía en Barcelona, pero caía en trampas de *marketing*, *light*, *green*, *organic*, *healthy*… En poco tiempo, los cambios me pasaron factura y vi como mi salud se venía abajo. Me hinché, subí de peso, me apareció acné en la cara —cuando nunca jamás en mi adolescencia había tenido ni un granito en el rostro—, pero, sobre todo, lo que más me molestó fue perder mi energía, mi vitalidad, mi optimismo y mis ganas de comerme el mundo. Me sentía apagada e incómoda con mi cuerpo y con mi actitud.

Manos a la obra. Era obvio que algo estaba mal y yo no me podía quedar con los brazos cruzados. Me puse a investigar por mi cuenta sobre el origen de la comida: de dónde procedían los alimentos que consumía y cómo habían sido criados y cultivados. Para mi sorpresa, aprendí que al ganado de granjas de alta producción se le inyecta antibiótico. Imagínate, ¿qué pasaría si una vaca enfermase en esas granjas donde viven encajonadas como piezas de dominó? Si una cae enferma, caen todas. Y, por supuesto, las alimentan con piensos enriquecidos con hormonas para que crezcan más rápido y produzcan más leche. Leche que sale por sus glándulas mamarias, vía de expulsión de toxinas… ¿Y qué hacemos nosotros con esa leche? Le añadimos un poco de Cola-Cao o un sobre de Nescafé y… ¡para dentro!

«Somos lo que comemos»

Cada una de nuestras células se forma de la materia que introducimos dentro de nuestro cuerpo. Los vegetales y otros cultivos tampoco quedan a salvo, porque el uso de productos químicos, herbicidas y pesticidas es una práctica más que común.

Por suerte, cabe decir que **no todos los países son iguales**. Las regulaciones sobre la industria de la alimentación, la agricultura y la ganadería en Estados Unidos están altamente determinadas por los conflictos de interés entre el Gobierno, las multinacionales y las instituciones de salud. ¡Que no cunda el pánico! Aunque más nos vale vigilar, porque para bien o para mal todo tiende a americanizarse…

Con mi fe en los alimentos, me prometí que estos mismos serían los que primero me sanarían a mí y, después, me darían una respuesta o solución para mejorar el estado de salud de esa población enfermiza con la que me cruzaba cada día por la calle. Pero, ¿qué alimentos? Alimentos limpios.

Empecé a seguir blogs de doctores de medicina integrativa y expertos en el tema. Profesionales de la salud de la talla del Dr. T. Colin Campbell, el Dr. McDougal,

Mi intención es que este libro sea tu mayor herramienta para realizar el cambio definitivo hacia una alimentación más limpia y consciente. **Aquella que te ayude a sentirte bien con tu cuerpo y saque la mejor versión de ti.**

el Dr. Michael Greger, el Dr. Hyman o el Dr. Kepler, entre otros. Gracias a ellos, descubrí la alimentación basada en plantas y profundicé en ella, en sus beneficios y en cómo el cambio podía afectar no solamente a nuestra salud individual, sino a la de nuestros vecinos los animales y al planeta Tierra en general.

Fue durante este camino de autoaprendizaje cuando escuché por primera vez hablar de los zumos verdes. Una vez más, mi curiosidad me llevó no solamente a probarlos, sino que empecé a experimentar con ellos (semiayunos) y a incorporarlos en mi alimentación diaria.

¡ALTO! Antes de seguir con mi historia, quiero preguntarte, ya que seguramente estás familiarizado con ellos: ¿por qué empezaste a tomar zumos verdes?, ¿qué cambios o beneficios has experimentado desde entonces?

Pues yo, lo mismo que tú. Encontré, por fin, mi panacea. Me deshinché, se fueron esos kilitos de más, mi piel se aclaró por completo e incluso lucía aún mucho más limpia y… recuperé mi energía y mi sonrisa.

Sin duda, esto me llevó a sentirme mejor. Vi claras las sabias palabras de Hipócrates: «Que el alimento sea tu medicina, y que tu medicina sea tu alimento». Y este fue el punto de partida de mi viaje COME LIMPIO.

Adiós a los procesados

Desde ese momento, eliminé todos los procesados de mi nevera y despensa, empecé a comer más frutas y verduras frescas, cereales integrales, legumbres, nueces y semillas, algas y alguna que otra fruta exótica con magníficas propiedades. Empecé a descubrir nuevos ingredientes que nunca antes había oído mencionar. En mi plato había cada vez menos espacio para aquello que me había «hecho daño» y más abundancia de alimentos naturales, del campo al plato. Todo eso no hacía más que enriquecer mis comidas, elevar mi estado de ánimo y mis ganas de compartir todo lo que estaba experimentando en mi propio cuerpo.

Antes, sin embargo, busqué asegurarme de que lo que estaba haciendo era realmente sostenible y saludable en el tiempo. Salió mi vena racional, como buen capricornio que soy. Y quise estar segura de que aquello tenía unas bases científicas y de que podría resolver todas mis dudas y ser capaz de responder a las de quienes me preguntaran. Aquí fue cuando retomé mi carrera académica, empecé a estudiar bajo las doctrinas de profesores y doctores con un enfoque de la nutrición basado en alimentos enteros de origen vegetal, y me obtuve un certificado de especialista en nutrición vegana, crudivegana y depurativa en escuelas y universidades como la Cornell University (Nueva York), el Living Light Institute, la Matthew Kenney Academy (California) y el Ann Wigmore Institute (Puerto Rico).

Durante el proceso, también viví de primera mano la relación directa entre el estado de salud físico, mental y emocional, entendiendo que esta trilogía es un todo y que no podemos descuidar ninguna de sus partes para sentirnos bien. Vi claramente que aquello que comía afectaba a mi estado de ánimo y a la relación que tenía conmigo misma. Aquí también comenzaron con más fuerza mi camino más espiritual, de crecimiento personal, y mi propio trabajo interno. Empecé a practicar yoga, a entender la meditación y beneficiarme de ella. En ese entonces también obtuve un certificado de *coach* de salud integrativa (Nueva York) y cursé un intensivo de medicina ayurvédica en Kerala (India).

Esta trayectoria me dio la seguridad para empezar a compartir mis conocimientos con mis pacientes y, poquito a poco, con todos los que me acompañan en las redes sociales a través del blog, Facebook, Instagram y YouTube. Más adelante, creé guías depurativas autodidactas, programas en línea y, recientemente, una membresía virtual. Empecé a dar talleres presenciales, conferencias y retiros internacionales para poder acompañar a grupos de personas de todo el mundo a seguir este estilo de alimentación saludable.

A lo largo de este camino, también he tenido la oportunidad de ir plasmando algunos componentes clave de este COME LIMPIO en tres libros diferentes: *Zumos verdes*, *Superfoods* y *Batidos verdes*, que han tenido una acogida tan increíble entre todos vosotros que se han convertido en *best sellers* incluso años después de haber sido publicados.

Por esta razón y por muchas más, os estoy agradecida, a vosotros y a la vida, por darme la oportunidad de estar haciendo lo que **amo**. Gracias por seguir avivando mi fuego.

Una herramienta para el cambio

Y con esta trayectoria recorrida, que me ha permitido ir observando y absorbiendo conocimiento y experiencia, me veo capaz de plasmar en mi cuarto libro los pilares que definen esta filosofía COME LIMPIO. En este libro quiero guiarte paso a paso para hacer una transformación en tu cocina, en tu estómago y en tu mente. Para que tengas otra visión de la nutrición y para que cuidarte sea lo más atractivo e interesante del mundo para ti.

Mi intención es que este libro sea tu mayor herramienta para realizar el cambio definitivo hacia una alimentación más limpia y consciente. Aquella que te ayude a sentirte bien con tu cuerpo y saque la mejor versión de ti. Por eso te aconsejo que no tengas prisa: Roma no se construyó en un día, así que mucho menos nuestro futuro ni nuestro mejor «yo». Lo haremos con paciencia, respeto y, sobre todo, mucho mimo y cuidado. Despacio y gradualmente para no lastimar, para no agobiarnos y para no abandonar.

Verás que marco *tempos*, que te pongo deberes y te hago pensar, pero pensar con el corazón y desde las entrañas. Quiero que uses este libro como tu agenda diaria, como tu manual de instrucciones para emprender el día a día; que te lo lleves a todas partes, lo pintes, lo taches, lo rellenes y completes sus ejercicios; que lo dobles y lo manches de comida, y de lágrimas si hace falta...

Deseo que en cada copia de este libro se encuentre un trocito de mí, y que te acompañe allí donde vayas, porque en el cambio no estás solo. Quiero estar a tu lado apoyándote en todo momento. Háblale, háblame y abrázalo, esto es lo que a mí me gustaría.

Y para terminar, deseo decirte que compartas tu experiencia COME LIMPIO con todo aquel que se cruce en tu camino. Muestra tus fotos y recetas en las redes sociales, sé tú también un agente de motivación y comparte este regalo de salud.

EJERCICIOS —
OBJETIVOS PERSONALES Y DE SALUD

Seguro que has oído que el poder de la mente es inmensurable e ilimitado, ¿verdad?

Antes de empezar a compartir contigo los siete pilares del método COME LIMPIO, quiero que seas tú quien empiece a escribir, que me cuentes cuáles son tus metas, ilusiones, objetivos de vida. ¿Qué es lo que quieres lograr? ¿Por qué tienes este libro en tus manos? ¿Por qué estás buscando un cambio? ¿Hacia dónde te quieres dirigir? ¿Qué buscas en la vida? ¿Y en ti?

En este ejercicio quiero que te escuches y que pienses, pero no con la cabeza o la razón. Tampoco que lo hagas desde el corazón, que a veces nos puede despistar con sentimientos muy profundos pero pasajeros. Quiero que pienses desde tus entrañas, desde lo más primario de ti. Donde yace tu fuego y donde nace el instinto. De aquí la expresión anglosajona «*I have a gut feeling*», traducida como «tengo un presentimiento». Piensa desde tu esencia, desde el yo sin prejuicios ni presiones sociales. Sin pensar sobre lo que está bien, lo que está mal, lo que se debe hacer o lo que crees que los demás quieren ver en ti.

Piensa y proyecta qué es lo que tú quieres ver en tu vida. El poder del pensamiento positivo te da el motor para que tus visualizaciones se traduzcan en vivencias. Además, pararte y dedicar un tiempo para ti y pensar sobre ti es algo que pocas veces podemos regalarnos, ya que muchos sucumbimos día tras día al estrés o nos quedamos enganchados a la corriente de la sociedad.

Para y piensa, y escríbelo para ya empezar a materializar aquello que quieres atraer en tu camino. Escribir desde lo más próximo a aquello más lejano te ayudará también a construir los pasos o a asentar los adoquines en el camino. Pero recuerda también que en su construcción debes disfrutar de cada paso y tomar consciencia de lo vivido, estar en el aquí y ahora durante el trayecto, porque es lo que realmente construye nuestra vida, los momentos del día a día. De lo contrario, nos pasaremos la vida anhelando hasta el último de nuestros suspiros. Dedicación y no obsesión.

En los siguientes recuadros, escribe tus objetivos personales o de salud. Empezaremos por anotar 3 cosas que te gustaría haber alcanzado dentro de 1 mes, seguido de 3 meses, 6 meses, 1 año, 5 años y 10 años. Y recuerda que «el cielo es el límite», y ni eso. No seas tu propio enemigo ni crees barreras limitantes. Escribe sin miedo, que aquí nadie te va a juzgar.

FECHA DE HOY:

EN 1 MES / FECHA:

1
2
3

EN 3 MESES / FECHA:

1
2
3

EN 6 MESES / FECHA:

1
2
3

EN 1 AÑO / FECHA:

1
2
3

EN 5 AÑOS / FECHA:

1
2
3

EN 10 AÑOS / FECHA:

1
2
3

FILOSOFÍA COME LIMPIO Y LOS 7 PILARES EN LOS QUE SE BASA

«El secreto no es correr detrás de las mariposas...,
es cuidar el jardín para que ellas vengan hacia ti».

– MARIO QUINTANA

Vivimos en un mundo que nos hace creer que no podemos dejar escapar ninguna «oportunidad» y que decir NO es de perdedores. Cuando sabemos poner límites a lo que no nos conviene y cultivamos lo que ya tenemos y somos, estamos propiciando que la oportunidad que realmente estamos esperando llegue a nuestras manos sin tanto esfuerzo, sin desgastarnos. Es más, puede que lo que estás persiguiendo ya esté en tu posesión, pero al no prestar atención a tu alrededor lo estés subestimando.

No llega a la meta quien corre más, sino quien es más astuto para observar y tomar el camino más corto.

¿Cuántos de nosotros hemos probado mil y una dietas en la búsqueda del cuerpo deseado? ¿Cuántos suplementos proteicos hemos tomado para definir nuestra musculatura y lucir un bonito cuerpo en la playa? ¿Cuántas veces, sobre todo nosotras las mujeres, hemos hecho locuras y tonterías con la comida para caber en un vestido de hace diez años?

¡Basta ya! Ha llegado el momento de dejarnos de historias, de nuevas dietas que salen al mercado y de suplementos milagrosos que nos prometen lo imposible. STOP al maltrato de nuestro cuerpo y al autosabotaje.

Volvamos a lo natural, a lo que nos pertenece. Busquemos un estilo de alimentación que podamos mantener toda la vida, que no cuente calorías, que sea compatible con nuestras obligaciones y que nos haga sentir llenos. Que nos permita vivir nuestro máximo potencial y nos haga apreciar nuestro cuerpo y nuestra manera de ser. Que nos mantenga alineados a nuestros valores y nos permita alcanzar nuestras metas.

El método COME LIMPIO no consiste en seguir una dieta específica, ni unos menús estrictos y planificados, ni en tener restricciones, ni en pasar hambre. Comer limpio consiste en disfrutar de la abundancia en el camino, de conocer aquello que te sienta mejor a ti, que te da energía, te da paz en tu relación con la comida y te mantiene con una sonrisa.

Las 7 premisas

Tras años experimentando con mi propio cuerpo y viendo las mejoras y los éxitos de mis clientes y participantes de los cursos en línea, desarrollé mi propia filosofía acerca de la alimentación, a la que empecé a llamar COME LIMPIO.

Para contar de forma clara y ordenada de qué trata esta filosofía, decidí buscar siete premisas que definieran sus valores. De esta manera, me resultaba mucho más fácil y práctico explicar cuál es mi visión acerca de la nutrición y de este modo de vida consciente que cuida de nuestro cuerpo, nuestra mente y nuestras emociones.

El método COME LIMPIO consiste, a grandes rasgos, en una alimentación basada en plantas y alimentos integrales (WFPBD – *Whole Foods Plant-based Diet*) con gran énfasis en los vegetales, ya que son los que contienen mayor cantidad de antioxidantes y, en su mayoría, debido a su contenido en clorofila, nos aportan sus propiedades depurativas, tonificantes y alcalinizantes.

Además, tendremos en cuenta el consumo de alimentos crudos y vivos (como los probióticos, brotes y germinados), ya que conservan al máximo su contenido de micronutrientes (vitaminas, minerales, antioxidantes, enzimas activas y otros fitoelementos), muchos de ellos susceptibles a temperaturas elevadas.

El método COME LIMPIO no condena el consumo de alimentos de origen animal. Excluirlos de tu alimentación será una opción personal. Ahora bien, la filosofía COME LIMPIO te invita a tomar consciencia de ese origen y de las consecuencias de su consumo. Intenta que estos alimentos de origen animal sean de ganadería ecológica, libres de antibióticos y hormonas y alimentados con granos no transgénicos; y consúmelos en cantidades moderadas y no de forma diaria. Si actualmente comes a diario carne, pescado, huevo o derivados lácteos, te reto a que asignes un día a la semana que esté totalmente libre de estos alimentos. Verás cómo sobrevivirás, y eso te forzará a encontrar deliciosas recetas alternativas que ampliarán tu actual repertorio culinario.

La propia experiencia y la observación de la evolución y mejora de mis pacientes y participantes de mis programas en línea me confirma que, cuando uno empieza la transición a una alimentación COME LIMPIO, la apetencia por la carne y, en general, por los alimentos de origen animal, disminuye. Sin esfuerzo y sin apenas darte cuenta, adoptas una alimentación mucho más vegetal.

PRIMERO: ELIMINAR TOXINAS DEL CUERPO

La verdad es que vivimos en un mundo real, en el que las cosas pasan. Estamos expuestos a un sinfín de factores contaminantes, sustancias químicas que entran en contacto con nuestro cuerpo día tras día. Y por mucho que nos pese, no podemos evitarlo. Ni todos vivimos en medio del Amazonas ni nos podemos meter dentro de una burbuja.

El aire que respiramos, el agua que tomamos, los productos de limpieza que usamos, los productos de higiene y belleza personal que aplicamos a nuestra piel (absorbemos un 60 % a través de los poros y pasan al torrente sanguíneo), los alimentos que comemos que no son orgánicos y son tratados con pesticidas, herbicidas, hormonas o antibióticos para que sean más resistentes y crezcan más rápido… Y todavía hay más: ¿quién no usa el teléfono móvil como despertador, o lo deja en la mesita de noche o incluso debajo de la almohada, sin ponerlo en modo avión?, ¿quién de nosotros cierra el *router* por las noches? Todo esto son radiaciones que recibimos de forma constante. Ya ves que, aunque quisiéramos, es muy difícil prevenirlo todo.

Y un último dato… ¿Quién de nosotros no está estresado o nunca ha experimentado esta sensación en su vida? Por favor, si alguien que me esté leyendo puede levantar la mano, le paso la pluma y que nos cuente cómo lo ha logrado. Todos, en algún momento u otro, somos víctimas de la tensión mental y emocional, que genera ansiedad en nuestras emociones, y esto repercute en nuestra salud física. El estrés activa el sistema simpático, nos sitúa en modo «supervivencia» y pone en marcha mecanismos biológicos (como una inyección de adrenalina y cortisol en el torrente sanguíneo) que de forma esporádica nos pueden «salvar» de peligros, pero que si se sostienen en el tiempo acaban creando una inflamación generalizada y comprometiendo la salud de todos nuestros sistemas (hormonal, inmunológico, neurológico, digestivo, cardiovascular, etc.). El estrés crea oxidación en nuestras células, pues genera radicales libres, toxinas que envejecen nuestros tejidos.

Dicho todo esto… ¡hay buenas noticias! Existen métodos para contrarrestar gran parte de estos efectos. ¿Cuáles son? COME LIMPIO está entre ellos.

COME LIMPIO aboga por incrementar el consumo de alimentos frescos, de origen vegetal y con un alto valor nutricional. Esto quiere decir alimentos que nos aportan mucha micronutrición, vitaminas, minerales, enzimas activas y antioxidantes que nos ayudan a contrarrestar el efecto de las toxinas y radicales libres y que protegen nuestras células y contribuyen a un buen estado de salud.

Otro tema que tratar dentro de este mismo punto es el mecanismo de depuración natural que nuestro organismo posee. Los riñones, el hígado, los pulmones, la vejiga, el sistema digestivo, los poros de la piel… son órganos por donde se procesan y vías por donde se expulsan las toxinas, de dentro hacia fuera. Si no tuviéramos estos órganos que actúan como filtros, las sustancias tóxicas se acumularían dentro de nuestro cuerpo y crearían tal nivel de acidez e inflamación que moriríamos. Ahora bien, ¿qué pasa cuando estos órganos reciben tal cantidad de toxinas que no son capaces de gestionarlas? ¿Qué sucede cuando estamos sometidos a estrés y los órganos no funcionan a pleno rendimiento? ¿Y cuando tenemos un hígado graso que no es capaz de filtrar correctamente toda la sangre? Parte de las toxinas quedan dentro de nuestro cuerpo, quitándonos energía y provocándonos síntomas desagradables que pueden derivar en colon irritable, migrañas, fatiga, insomnio, problemas de piel, eczemas, malas digestiones…

Del mismo modo que debemos cambiar el filtro del aceite del coche, también es bueno que ayudemos a nuestro organismo a limpiar estos órganos para que funcionen a su mayor rendimiento. ¿Cómo hacerlo? El método COME LIMPIO sigue una alimentación depurativa, antiinflamatoria y antioxidante.

Proteción contra las toxinas

Para terminar este primer pilar, quiero también mencionar la hipótesis, que expongo a continuación, de cómo el cuerpo se protege de este exceso de toxinas. En la última década, se han realizado varios estudios, como el que planteó la Stirling University de Escocia en 2004, que hizo público en *The Journal of Alternative and Complementary Medicine*, titulado «Toxinas químicas: una hipótesis que explica la epidemia global de obesidad».

> Si eliminamos toxinas, nuestro cuerpo no necesitará retener la grasa que las envuelve, y la reduciremos.

Cuando el organismo está saturado y no es capaz de procesar el exceso de toxinas que tenemos dentro de nuestro cuerpo, lo que hace es envolver las moléculas dañinas con grasa y almacenarlas lejos de los órganos vitales. Y, ¿dónde se nos acumula mayoritariamente esta grasa? Pues en muslos, caderas, antebrazo, papada… Fíjate que todas estas zonas están alejadas del corazón, del páncreas, de los pulmones, del hígado… Cuando la cantidad ya empieza a ser más desmesurada, no hay criterio y la grasa empieza a localizarse en la barriga y a envolver los órganos vitales, lo cual si no se revierte podría llegar a asfixiarlos, y obviamente aparecerían serias complicaciones de salud.

Apuesto que algunos de vosotros también habéis experimentado un curioso «fenómeno»: una grasita abdominal que cuesta horrores eliminarla. Puede que seamos delgados de constitución, pero ese bultito surge del estrés; las hormonas cortisol que se encuentran en el torrente sanguíneo hacen que la grasa se acumule en esa zona. El estrés es la toxina número 1 de nuestra sociedad, así que recuerda relajarte…

Entonces, ¿cuál es el secreto para perder grasa corporal? ¿Eliminar todo tipo de grasas de nuestra alimentación? ¿Buscar alimentos *light*, 0 % y desnatados? No. Para eliminar esta grasa localizada, debemos primero deshacernos de las toxinas; de lo contrario, nuestro organismo va a poner resistencia, puesto que mantener esta grasa es su medio de protección.

La solución será seguir una alimentación limpia, libre de toxinas y con efecto depurativo para no solamente NO ensuciar el cuerpo, sino también ayudarlo a expulsar las sustancias tóxicas acumuladas. Si eliminamos toxinas, nuestro cuerpo no necesitará retener esa grasa que las envuelve, y reduciremos masa grasa del cuerpo que no necesitamos.

SEGUNDO: COMER ALIMENTOS LO MENOS PROCESADOS POSIBLE

El método COME LIMPIO no da a conocer nada que no existiera anteriormente ni que no conociéramos, pero sí puede ser un buen recordatorio.

Come los alimentos lo más natural y menos procesados posible. De la granja a la mesa; lo más parecido al alimento que la naturaleza nos ofrece, sin pasar por instalaciones donde se refina y mezcla con otros ingredientes, a los que a veces no podemos considerar ni comida, como son los aditivos artificiales: conservantes, estabilizantes, colorantes, etc.

En Estados Unidos aprendí una expresión que dice *Real food has no label* (el alimento real no tiene etiqueta), y es cierto. Un alimento de verdad, sacado directamente de la naturaleza, no necesita una etiqueta con su lista de ingredientes. Una manzana es una manzana, y un puñado de nueces es un puñado de nueces. Sin más. De estos alimentos, el cuerpo es capaz de aprovechar todos los nutrientes porque reconoce las proteínas, las grasas, los azúcares, las vitaminas y los minerales, mientras que al consumir un alimento empaquetado, con una lista de ingredientes interminable, que en muchos casos no sabemos ni pronunciar (son como trabalenguas) y menos reconocer, nuestro cuerpo tendrá una reacción adversa a todos estos «desconocidos».

El aumento del consumo de alimentos procesados está llenando nuestros cuerpos de sustancias químicas que debilitan nuestra flora intestinal y que, a su vez, son irreconocibles por nuestro organismo, lo que provoca que este reaccione como si de un cuerpo extraño se tratara, un virus o bacteria. De aquí que cada vez más se incremente el índice de la población afectada por alergias, intolerancias o enfermedades extrañas desde edades tempranas. Así lo señalan varios estudios e hipótesis realizados hasta el momento.

El US Center for Disease Control and Prevention (Centro para el control y la prevención de enfermedades de Estados Unidos) anunció públicamente que la tasa de niños menores de 18 meses que presentaban cuadros alérgicos aumentó un 18 % entre los años 1997 y 2007 en Estados Unidos. El *Journal of Allergy and Clinical Immunology* (revista sobre alergia e inmunología) vio cómo las visitas a urgencias del Children's Hospital de Boston debidas a reacciones alérgicas se más que duplicaron entre los años 2001 y 2006. Lo mismo reportaron el Children's Hospital de Filadelfia y el de Los Ángeles.

Debilitación del sistema inmunológico en los países industrializados

Existe la hipótesis de que las dietas occidentales hayan sido las culpables de que las personas sean más susceptibles a desarrollar alergias y otras enfermedades. Un estudio realizado por el Departamento de Procedimientos de la National Academy of Science de Estados Unidos comparó la flora intestinal de 15 niños de Florencia (Italia) con la de 14 niños de un pueblo del África rural en Burkina Faso. El resultado fue que la variedad de la flora en estos dos grupos era sustancialmente diferente. Los niños africanos del estudio vivían en un área que produce sus propios alimentos, como comíamos todos los humanos no hace tantos años atrás, y su alimentación era mayormente vegetariana. Por el contrario, la alimentación de los niños europeos analizados contenía más azúcar refinado, más grasa animal y más alimentos densamente calóricos. El autor del estudio concluyó que estos factores resultaban en una reducción de la biodiversidad de la flora bacteriana en nuestro sistema digestivo, lo que se podía relacionar perfectamente con una debilitación del sistema inmunológico y un incremento de las alergias en las poblaciones de los países industrializados.

Otro factor positivo es consumir los alimentos de cultivo o ganadería ecológica (*orgánico*, *biológico* y *ecológico* se refiere al mismo concepto). Aunque es cierto que su precio es considerablemente más elevado, esto nos garantizará que durante su crecimiento hayan sido tratados con el mínimo de sustancias químicas posible. No es garantía de que no hayan estado expuestos a sustancias químicas o artificiales, pues vivimos en un mundo con contaminación, pero sí que nos garantiza que las prácticas de esa granja o empresa alimentaria están llevadas a cabo con más consciencia que aquellas que no llevan el sello orgánico. Recuerda que cada euro, dólar o peso que invertimos en un producto de este tipo es un voto a favor para que se siga produciendo, cultivando o criando de esa manera.

Algo que me gustaría mencionar aquí es que los pequeños agricultores o campesinos que venden en mercados locales muchas veces no pueden afrontar el coste de la certificación orgánica, pues su precio es realmente elevado y eso encarecería el precio final de sus productos. La mejor opción, después de cultivar tus propios vegetales, será conocer al agricultor e informarte de sus praxis y métodos de cultivo.

Dentro del método COME LIMPIO, también tendremos preferencia por el uso de alimentos de temporada y de cultivo local, a su vez conocido como Km 0. Primero, porque nos resultará más económico, y segundo, para dejar el mínimo de huella de carbono en el medio ambiente. Buscaremos siempre la mayor sostenibilidad del planeta Tierra.

TERCERO: ELIMINAR LOS ALIMENTOS QUE PROVOCAN HIPERSENSIBILIDAD AL CUERPO

Existen ciertos alimentos que, pese a no dar positivo en los tests de laboratorio, provocan una reacción de hipersensibilidad en nuestro organismo, y que pueden ser la causa de colon irritable, malabsorción de los nutrientes, dolores de cabeza y migrañas, fatiga, mucosidad, asma, hinchazón generalizada, estreñimiento, gases, piel seca y acné, entre otros. En los siguientes capítulos del libro hablaré detalladamente de cada uno de estos alimentos/ingredientes y de los últimos estudios que se han realizado sobre ellos. Pero sí os adelanto ya el nombre de algunos: el polémico gluten, los lácteos, la soja o el café.

CUARTO: NO CONTAR CALORÍAS, SINO COLORES

Somos lo que comemos, así que no somos un número; somos alegría, vida y color, o así nos gustaría sentirnos, ¿verdad? En el método COME LIMPIO daremos más importancia a la calidad y variedad de los alimentos que a la cantidad y a sus calorías; esto será lo que nos proporcionará una correcta nutrición y beneficiará a nuestro organismo de verdad. Te doy un ejemplo: una barrita energética de 99 kcal llena de edulcorantes artificiales y aditivos conservantes ni nos nutrirá ni nos ayudará a limpiar nuestro cuerpo más que un bol repleto de fruta fresca o un puñado de nueces, que posiblemente nos aportarán más calorías pero estas serán limpias y considerablemente más nutritivas.

Colores vs. calorías, porque es en las frutas, verduras y hortalizas donde encontramos la mayor concentración de micronutrientes. Cuanto más potente y variada es su pigmentación, mayor cantidad de antioxidantes tienen. Los vegetales de hoja verde intenso como la col *kale*, los pimientos rojos, los albaricoques, las uvas negras, los arándanos, las frambuesas, las zanahorias, la col lombarda… son alimentos de un alto valor nutricional.

QUINTO: ALIMENTACIÓN ALCALINA

Empecemos por el principio… ¿Qué quiere decir *alcalina*? Recuperemos las clases en el laboratorio del instituto, donde hacíamos experimentos con líquidos y soluciones dentro de probetas, en las que sumergíamos tiras de colores para determinar su pH, o bien su grado de acidez o alcalinidad. La escala de pH va del 0 al 14, siendo 7 el punto neutro. Del 0 al 6,9 es un medio ácido, y del 7,1 al 14 es un medio básico o alcalino.

Dentro de nuestro cuerpo encontramos diferentes soluciones o líquidos. El más abundante de todos es la sangre. Esta tiene un pH de 7,3-7,4 y siempre, siempre, **siempre** se mantendrá en este rango; de lo contrario, empezaríamos a enfermar. Nuestras células dejarían de funcionar correctamente, empezarían a deteriorarse, a envejecer, y la vida se acabaría. No debemos confundirnos con el pH de otros fluidos del cuerpo, como:

- Orina: puede variar ampliamente, desde 4,6 a 8.
- Estómago (jugos gástricos): es la parte más ácida del cuerpo, para poder digerir los alimentos. Su rango es de 1,35 a 3,5.

Aunque hay muchos factores que dejan un residuo acidificante en nuestra sangre, el cuerpo es capaz de activar mecanismos de compensación para que esto nunca suceda. Estos mecanismos, cuando están en fase aguda y actúan solo de forma momentánea, no alteran demasiado nuestra salud, pero si permanecen en el tiempo y se hacen crónicos, nos acaban pasando factura, lo mismo que ocurre con el estrés.

El mecanismo de compensación más estudiado hasta la fecha es el uso de un mineral alcalino que está presente en grandes cantidades dentro de nuestro cuerpo. ¿Sabes a cuál me refiero? Correcto, el calcio. Tenemos grandes reservas de este mineral dentro de nuestro organismo, principalmente en los huesos. Entonces, ¿qué mecanismo de neutralización activa el cuerpo? Bien, lo que hace es sacar calcio de nuestros huesos para inyectarlo al torrente sanguíneo y mantener siempre un pH constante en nuestro plasma.

Algunos estudios que corroboran este mecanismo de «supervivencia» son:

- En 2013, la División de Enfermedades Óseas del Hospital Universitario de Génova publicó un estudio donde hizo referencia a que tener unos niveles elevados de acidificación de forma crónica podía debilitar los huesos al extraer calcio del esqueleto.

- Otro artículo publicado en 2016, en *Alternative Therapies in Health and Medicine*, mencionaba los beneficios de una alimentación alcalina y de beber agua también alcalinizada.

- En 2010, en un simposio de postgraduados del Hospital Universitario de Lausanne (Suiza) se presentó un estudio realizado entre 75 mujeres: aquellas que tenían una carga acídica menor en su dieta y una mayor ingesta de potasio, tenían una mayor densidad ósea.

¿Qué alimentos dejan un residuo acidificante en la sangre?

La exposición a toxinas, la contaminación, los medicamentos, el estrés y las emociones negativas acidifican la sangre. Sí. Y los alimentos que ponemos en nuestro plato también juegan un importante papel, ya que pueden dejar un residuo más alcalino o más ácido dentro de nuestro cuerpo. Una falta de alimentos con efecto alcalino en nuestra alimentación y una constante exposición a residuos acidificantes pueden conllevar desequilibrios como:

- Reducción de la absorción de minerales esenciales y otros nutrientes.
- Desequilibrios en la producción de ATP (energía) dentro de las células.
- Dificultad de reparar células y tejidos dañados dentro del cuerpo.
- Desgaste y pérdida de masa muscular.
- Dificultad o inhabilidad por parte de los órganos responsables de depurar y filtrar los metales pesados del cuerpo.
- Debilitación del sistema inmune e ineficiencia para combatir bacterias y virus, y eliminar células tumorales.
- Inflamación generalizada de los tejidos.
- Afectaciones cardiovasculares.
- Aumento de peso.
- El exceso de carga en los riñones puede conducir a problemas de la vejiga y a la formación de cálculos renales.
- Desequilibrios hormonales y envejecimiento prematuro.
- Pérdida de memoria y rendimiento mental.
- Dolor en articulaciones, dolor muscular y gota.
- Osteoporosis y caries.
- Hongos e infecciones recurrentes.
- Saliva ácida, encías inflamadas y sensibles, alta irritación de las amígdalas y faringitis, que conduce a infecciones de las mucosas.
- Tristeza, hiperemotividad, tendencia a la depresión, cansancio e irritabilidad.

ALCALINIDAD DE LOS ALIMENTOS

Observa en la tabla dónde se sitúan
algunos de los alimentos más comunes:

	ÁCIDA			NEUTRAL	ALCALINA		
pH 3	pH 4	pH 5	pH 6	pH 7	pH 8	pH 9	pH 10
AGUA CARBONATADA	QUESO CREMA	AGUA PURIFICADA	ZUMO DE FRUTA	AGUA DEL GRIFO	MANZANAS	AGUACATES	ESPINACAS
AGUA CON GAS	SUERO DE LECHE	AGUA DESTILADA	HUEVOS		ALMENDRAS	TÉ VERDE	BRÓCOLI
	PASTELES	CAFÉ	PESCADO		TOMATES	LECHUGA	ALCACHOFAS
	PASTA	ZUMO ENDULZADO	TÉ		NARANJAS	APIO	COLES DE BRUSELAS
	QUESO	PISTACHOS	FRIJOLES		MAÍZ	GUISANTES	REPOLLO
	CERDO	CARNE DE RES	LECHE DE SOJA		HONGOS/ SETAS	BERENJENAS	COLIFLOR
	CERVEZA	PAN BLANCO	COCO		NABOS	REMOLACHA	ZANAHORIAS
	VINO	CACAHUETES	CIRUELAS		OLIVAS	ARÁNDANOS	PEPINOS
	TÉ NEGRO	NUECES	ARROZ INTEGRAL		PIÑAS	PERAS	LIMONES Y LIMAS
	CHOCOLATE	TRIGO	CEBADA		CEREZAS	UVA Y KIWI	ALGAS
	FRUTOS SECOS TOSTADOS		CACAO		ARROZ SALVAJE	MELONES	ESPÁRRAGOS
			AVENA		ALBARICOQUES	MANDARINAS	RÁBANOS
			HÍGADO		FRESAS	HIGOS Y DÁTILES	COL RIZADA
			OSTRAS, SALMÓN		PLÁTANOS	MANGOS	CEBOLLA

El alcohol y los alimentos altamente procesados, así como los que contienen aditivos químicos, azúcares y harinas refinados o elevadas cantidades de grasas saturadas y proteína animal, tienen un efecto considerablemente acidificante dentro de nuestro cuerpo. Lo mismo ocurre con los alimentos con un elevado contenido de azufre, fósforo y cloro. Por el contrario, los alimentos densamente nutritivos, es decir, muy ricos en vitaminas, minerales alcalinos (calcio, magnesio, potasio y sodio), antioxidantes, fitoquímicos o fibra causarán un efecto más alcalino dentro del cuerpo.

Nos estamos refiriendo sobre todo a los vegetales y, en concreto, a los de hoja verde, que son los más alcalinos de todos. A este grupo de alimentos les siguen, en orden de mayor a menor alcalinidad: las especias y hierbas aromáticas; el resto de vegetales; las algas; las frutas ácidas; las frutas más dulces; los fermentados, y por último, algunos frutos secos y semillas, como las almendras y las castañas.

Las legumbres, los cereales integrales y el resto de frutos secos y semillas nos dejarán un ligero efecto acidificante, pero en un pH más cercano a 7 que los alimentos procesados y las carnes rojas. El mijo y la soja fermentada, como el miso y el *tempeh*, tendrán un efecto alcalino.

El efecto acidificante o alcalinizante no tiene nada que ver con el sabor del alimento. Muchas veces me han preguntado: ¿cómo puede ser que el limón sea un alimento tan alcalino si tiene un sabor tan ácido? El hecho de ser ácido o alcalino se determina según las propiedades del residuo que generan estos alimentos una vez se han metabolizado (transformado) dentro de nuestro organismo. Así como el coche consume gasolina para generar energía y deja un residuo por el tubo de escape, lo mismo sucede con los alimentos. Los residuos ácidos, como, por ejemplo, el ácido úrico que genera el consumo de carnes rojas, deben eliminarse a través de nuestros órganos filtro, y sus efectos acidificantes deben ser contrarrestados con antioxidantes que encontraremos, básicamente, en alimentos alcalinos.

Para que una alimentación sea equilibrada en el aspecto del pH, no seguiremos la regla del *fifty-fifty* (50 % alimentos ácidos, 50 % alimentos alcalinos). Déjame que utilice otra metáfora para contarte por qué: en un vaso de agua cristalina echamos seis gotas de pintura blanca y el agua tiende a emblanquecerse; ahora, le echamos dos gotas de pintura negra y fácilmente el agua oscurece. Para que esa agua vuelva a ser blanca precisaremos muchísimas gotas de pintura blanca, más de seis para que no quede rastro de las dos gotas de pintura negra. Con esto solo quiero decir que requiere mucho más esfuerzo alcalinizar el cuerpo que acidificarlo. Por eso, una ratio que nos ayude a mantener un buen estado de salud sería la de una alimentación con un 65 % de alimentos alcalinos y un 35 % de alimentos ácidos.

¿Y qué pasa con el agua?
Nuestro cuerpo está hecho en un 65-70 % de agua, así que la calidad del agua que bebemos sí tiene un efecto e impacto en nuestra salud. Por lo general, el agua del grifo tiene un pH de 7, es decir, un pH neutro, con lo que ya tiene un efecto positivo en nuestra salud. Además, si le añadimos unas gotas de limón o le infusionamos unas hojas de menta podremos aumentar su alcalinidad. Otro método para alcalinizar el agua es con bicarbonato. La medida idónea será añadiendo media cucharadita de postre a cuatro litros de agua.

Recientemente, se está hablando sobre la importancia o los beneficios de tomar aguas alcalinas, es decir, un agua con un pH de entre 8 y 9 y rica en componentes alcalinos como calcio, potasio, magnesio, bicarbonato y sílice. Hay autoridades sanitarias como la Mayo Clinic que cuestionan su valor añadido por encima del agua del grifo, y es cierto que aún faltan más estudios científicos acerca de este tema. Pero sí se ha observado que algunas condiciones de salud pueden beneficiarse de ello, lo que indica que tiene un efecto positivo en el organismo. Es el caso, por ejemplo, de los siguientes estudios:

- *Publicado en 2012 por el Voice Institute of NY,* que concluyó que beber agua con un pH de 8,8 ayudaba a inactivar la pepsina, la principal enzima que causa reflujo.
- *Realizado en 2006 por el Shangai Journal of Preventive Medicine,* sugería que beber agua alcalina podría mejorar la salud de personas con diabetes, hipertensión y colesterolemia.
- *Publicado en 2016 por el Journal of the International Society of Sports Nutrition,* un estudio realizado en 100 atletas encontró una diferencia significativa en la viscosidad de la sangre tras beber agua alcalina comparándolo con la toma de agua regular después de un fuerte entreno. La viscosidad es la medida directa de cómo la sangre fluye en los vasos sanguíneos. Aquellos atletas que consumieron agua alcalina redujeron la viscosidad un 6,3 %, en comparación al 3,36 % de los que bebieron agua estándar purificada. Esto quiere decir que la sangre fluye más eficientemente con agua alcalina, lo que incrementa el suministro de oxígeno por todo el cuerpo.

Otros beneficios que se le atribuyen a esta agua, aunque faltan más evidencias científicas para constatarlo, son:

**PROPIEDADES ANTIENVEJECIMIENTO | PROPIEDADES DEPURATIVAS DEL COLON
FORTALECIMIENTO DEL SISTEMA INMUNOLÓGICO | PÉRDIDA DE PESO
MÁS HIDRATACIÓN Y MEJORA DE LA PIEL | RESISTENCIA AL CÁNCER.**

Pero no debemos dejarnos persuadir por los mensajes engañosos de *marketing* y sí, en cambio, tener en cuenta que la relación ácido-alcalino debe estar en equilibrio, y que un organismo excesivamente alcalinizado también se encontrará con desajustes en la salud, como nauseas, vómitos, reducción de los ácidos estomacales que nos protegen de bacterias gastrointestinales, temblor de manos u hormigueo en las extremidades.

El agua procedente de manantial, cuando «nace» entre rocas, es naturalmente alcalina y siempre será mejor opción que comprar agua alcalina filtrada en ionizadores que separan y descartan los componentes acidificantes del agua. La OMS (Organización Mundial de la Salud) lanzó un comunicado donde alertaba del consumo continuo de agua desmineralizada o de baja mineralización.

La técnica de cocción puede cambiar el pH del alimento. Por eso también será importante tener en cuenta el tipo de cocción que utilizamos para preparar nuestras comidas. Los horneados y hervidos de larga duración reducirán considerablemente la cantidad de vitaminas termolábiles y diluirán parte de los minerales. Y, en relación con los fritos, debemos recordar que, además de eliminar gran parte de los micronutrientes, añadirán a los alimentos el efecto calórico y tóxico del aceite vegetal oxidado. Las mejores técnicas de preparación serán el crudo, el marinado con algún ácido (zumo de limón o vinagre de manzana), el vapor y el salteado (*wok*).

EJERCICIO —
RECORDATORIO DE 24 HORAS

Antes de seguir con los pilares del método COME LIMPIO, vamos a hacer otro ejercicio. Se trata de anotar en las siguientes casillas todo aquello que has consumido en las últimas 24 horas. Tómate tu tiempo. Hazlo sin prisas, y sobre todo sin culpas. Sé honesto conmigo, pero sobre todo contigo: no escatimes ni una miguita de pan. Anota lo que comiste, lo que bebiste, lo que picaste mientras preparabas la comida, los edulcorantes que usaste para el café o té, aquella galletita de nada o fruto seco a última hora antes de acostarte… TODO, ¿sí?

Si no te acuerdas de lo que comiste exactamente, piensa en lo que sueles comer de forma más habitual. Completa el ejercicio y más adelante lo analizaremos juntos.

• **DESAYUNO**

• **MEDIA MAÑANA**

• COMIDA

• MERIENDA

• CENA

• EXTRAS/BEBIDAS

SEXTO: COMBINACIÓN DE ALIMENTOS

El cansancio crónico, la fatiga y la falta de energía son algunas de las mayores «dolencias» del mundo occidental. Esto provoca que con frecuencia estemos comiendo o «picando» para obtener dosis de azúcar, cafeína u otros estimulantes que sobrecargan nuestra salud.

Aprender a combinar los alimentos de una forma apropiada para sentirnos con energía y vitalidad después de las comidas y evitar esa sensación de pesadez y necesidad de echarnos una siesta es una herramienta de gran utilidad. La forma en la que nos alimentamos debe darnos energía y no quitárnosla.

Ciertos alimentos, sobre todo los que tienen una elevada cantidad de proteínas o carbohidratos, mal combinados atrasarán la digestión, provocando una carga en nuestro cuerpo y generando residuos tóxicos derivados de la fermentación o putrefacción... Piensa que el cuerpo tiene una temperatura media de 37 grados, y que en este ambiente los ingredientes pueden fermentar o pudrirse dentro del sistema digestivo.

Puede parecer exagerado, pero vamos siempre a buscar la óptima digestión. Si eres joven y tienes una salud de hierro, quizás no experimentes algo notorio, pero con los años los «solo un poco» o «ni se nota» se van acumulando y marcan una diferencia. Una buena combinación de los alimentos es fundamental para un buen estado de salud, tan importante como lo son la calidad y la cantidad de alimentos que ingerimos. Si nuestras digestiones son correctas, nuestro sistema digestivo estará en buen estado, ganaremos energía, mejoraremos las condiciones de la piel y nos deshincharemos; estas digestiones también nos ayudarán a perder peso, si lo necesitamos, o a mantenerlo correcto.

Quizás tu alimentación ya es limpia y estás experimentando sus beneficios, y ahora, leyendo este apartado, piensas: «Ya he eliminado bastantes alimentos de mi dieta, ¿y ahora la debo hacer más restrictiva?». La misma pregunta me hice yo, pero no pude resistirme a probarlo. Aunque mi alimentación ya se basaba en productos de origen vegetal, los resultados que experimenté fueron notables: niveles de energía aún más elevados, piel aún más suave y brillante, y un adiós definitivo a la barriga hinchada.

Combinar bien los alimentos no solo nos permite mejorar la digestión, sino también asimilar mejor los nutrientes. Es clave ver que no son los alimentos que comemos lo que cuenta, sino los que somos capaces de absorber. En este apartado me atrevo a decir que «no somos lo que comemos», sino que «somos lo que absorbemos». Puede ser muy diferente el contenido nutricional de un alimento que podamos leer en la información en el lomo de su cajita y los nutrientes que realmente absorbamos de él.

Cuando respetamos la correcta combinación de los alimentos, el sistema digestivo requiere menos energía. El resultado es que el organismo puede centrarse en otras funciones como reparar células y depurar el cuerpo. Por lo tanto, el estado de nuestra piel mejora y perderemos peso, en el caso de que nos haga falta. Este ahorro de energía también repercute en el estado de ánimo: nos sentimos menos pesados y cansados después de las comidas y tenemos más energía y vitalidad a lo largo del día.

¿En qué se basa la teoría de la combinación de los alimentos?

Esta teoría no se imparte en los estudios de nutrición convencionales e incluso puede ser que tu médico nunca haya oído hablar de ella, pero esto no significa que sea menos válida o efectiva. Recordemos también que en las escuelas de medicina se estudia muy poco acerca de la nutrición y que, por este motivo, para asesorarnos sobre nuestra alimentación debemos buscar a nutricionistas, que son los expertos en el tema.

Las pautas para combinar correctamente los alimentos surgieron en el siglo XX en el marco del movimiento higienista. Su creador fue el doctor neoyorquino William Howard. Más adelante, la popularidad de esta práctica creció con la difusión que hizo de ella el doctor y naturópata Herbert M. Shelton. Otra referente de la nutrición viva, la Dra. Ann Wigmore, difundía la importancia de su aplicación entre sus alumnos, y hoy en día, en su instituto de Puerto Rico, siguen explicando sus bondades. Fue allí, dentro de su programa, donde yo lo aprendí con mayor profundidad.

Según la teoría de la combinación de los alimentos, los diferentes grupos de estos requieren diferentes tiempos y tipos de enzimas en el estómago y en los intestinos para poder ser digeridos. Un medio alcalino o ácido activará unas enzimas u otras. Cuando comemos ciertos alimentos al mismo tiempo, liberamos ambos tipos de enzimas; así se crea un ambiente neutro que lo único que hace es inhibir y retrasar el proceso digestivo. Eso puede originar la fermentación de azúcares y la putrefacción de proteínas en el estómago, y provocar gases, inflamación y otros síntomas de indigestión. Un proceso de fermentación en el intestino ocasiona un exceso de polialcoholes, que son fuente de alimento de bacterias y levaduras. La putrefacción de las proteínas genera también sustancias dañinas.

El concepto de la correcta combinación de los alimentos es aplicable y altamente beneficioso para todos los estilos de alimentación, se consuma carne, huevo, pescado, lácteos o se practique el veganismo.

Antes de empezar el último punto, recupera el ejercicio «Recordatorio de 24 horas» y valora cómo es tu alimentación.

SÉPTIMO: ALIMENTOS PRIMARIOS

No todo lo que nos nutre es comida. Por más que la ciencia convencional quiera separarlo, somos un todo, somos seres holísticos y completos. Somos cuerpo, mente y emociones. Los pensamientos, las sensaciones, las vivencias nos nutren, nos enriquecen, nos dan energía o bien nos la quitan. Nos brindan salud o nos la empeoran.

Por eso, además de lo que comemos, debemos cuidar «lo que» y «a quienes» nos rodean. Dicen que las personas con quienes pasas más tiempo tienen un impacto directo en tu comportamiento y tu actitud ante la vida. Observa qué te pasa cuando estás rodeado de negatividad, chismes y críticas mucho tiempo. Conserva tu energía, crea límites protectores, hazte experto en cambiar de tema en las conversaciones que no son enriquecedoras, conoce quién eres, lo que quieres en tu vida y no permitas que los demás te lleven hacia algo diferente. Tu poder está en saber que siempre tienes la elección en cada situación.

Tras esta pequeña reflexión, déjame decirte también que todas estas emociones y sentimientos tienen un gran impacto en nuestro comportamiento a la hora de alimentarnos. Según cómo están nuestros alimentos primarios comemos unas cosas u otras, se nos cierra el estómago o atracamos el paquete de galletas hasta terminarlo. Como ves, los alimentos primarios son todo aquello que nos alimenta, que nos da energía, pero no los comemos sino que los sentimos.

Alimentos primarios: los que no se comen

La nutrición es una fuente secundaria de energía. Los alimentos primarios, o fuentes no alimentarias de nutrición, son los que realmente nos satisfacen. La emoción y las «chispas» de la vida cotidiana nos pueden alimentar de forma más completa que cualquier alimento. Los alimentos primarios van más allá del plato, nutriéndonos en un nivel más profundo. Los cuatro alimentos primarios más importantes son las relaciones, la profesión, el tiempo para *hobbies* o actividad física, y la práctica espiritual. Te voy a poner algunos ejemplos. Cuando eres niño y estás jugando en el parque con tus amigos y mamá te llama para ir a comer, ¿tienes hambre? ¡No! Tú estás lleno, estás satisfecho jugando con tus amigos, ni te acuerdas de que debes comer. Otro caso es el del enamoramiento. ¿Quién no ha experimentado esas mariposas que te llenan el estómago? Estás en otra dimensión, estás lleno de amor y felicidad y tampoco te acuerdas de comer, es algo totalmente secundario. O los empresarios apasionados que se alimentan de los logros y proyectos en los que trabajan.

Ahora vamos al caso contrario. Hoy has tenido un día fatal, horrible, en el trabajo. Has discutido con el jefe, algo no ha salido bien y ha sido totalmente estresante. Sales de la oficina con un mal sabor de boca y estás decaído. De regreso a casa, pasas por delante de una pastelería y ves ese cruasán cubierto de chocolate y recién salido del horno, calentito, y dices: «Me lo merezco, hoy necesito una alegría. Hoy todo me da igual». ¿Qué haces? Sustituyes ese sabor amargo por el dulce (**momentáneo**) del cruasán. A las pocas horas o cuando te laves los dientes tu alimento primario que cojea seguirá estando allí.

Otro ejemplo, peliculero. Chica conoce chico. Chica entusiasmada y enamorada. De repente chico da plantón a chica. ¿Qué hace la chica? Corre hacia su casa, llena de lágrimas en la cara, abre el congelador, agarra el helado, cuchara en mano y se lo come hasta raspar el fondo del bote… ¿Crees que la chica tenía hambre de helado? ¿O lo que necesitaba era el dulzor de un abrazo reconfortante?

En situaciones así, ningún alimento ni cantidad de comida secundaria podrá satisfacerte. Mientras mayor sea la calidad de los alimentos primarios que «consumimos», menos dependeremos de los alimentos secundarios. Y, por el contrario, cuanto más nos llenemos de alimentos secundarios, menos espacio dejaremos para los alimentos primarios —nuestra verdadera fuente de nutrición—.

Si te fijas, en muchas religiones y culturas del mundo, como la hindú o la árabe, practican el ayuno para reducir el consumo de alimentos secundarios, abriendo canales para recibir una mayor cantidad de alimentos primarios.

EJERCICIO —
EL CÍRCULO DE LA VIDA

Ahora vamos a hacer un ejercicio de *coaching* juntos. Se trata de una actividad muy sencilla, pero que puede llevarte a reflexionar sobre cosas que quizás ni te habías planteado y despertar algún momento «¡Ahá!». ¡Sígueme!

Te presento el «círculo de la vida». Esta rueda tiene doce radios, cada uno con un nombre. Se trata de que a cada uno de ellos le des una puntuación totalmente subjetiva del 0 al 100, marcándolo con un puntito. El 0 será el centro de la rueda y el 100 estará hacia el extremo exterior del radio. Si puntúas tu salud de forma positiva, el puntito estará de la mitad del radio para fuera; si lo haces de forma negativa, el puntito lo situarás del centro hacia adentro, al 10, 20, 30 o 40 %.

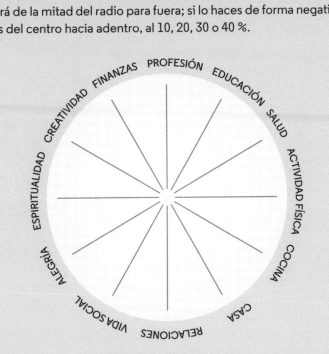

¿Tienes un bolígrafo o un lápiz a mano? Vamos, yo te acompaño.

- **Empezamos con PROFESIÓN.** ¿Cómo te sientes en el trabajo? ¿Te gusta lo que haces? ¿Te gusta donde trabajas? ¿Te sientes bien, reconocido y valorado? A la respuesta a todas estas preguntas sácale una puntuación y dibuja tu puntito en la rueda.
- **EDUCACIÓN.** ¿Cómo te sientes en cuanto a conocimiento? ¿Recibes formación continua? ¿Te sientes bien capacitado para hacer lo que haces? ¿Te gustaría seguir estudiando o empezar a estudiar algo completamente diferente de aquello a lo que te dedicas? Dibuja tu puntuación en el radio correspondiente.
- **SALUD.** ¿Qué puntuación le das a tu salud? Que sea totalmente subjetiva. Puede que últimamente te sientas con mucha falta de energía, más decaído, pero que realmente

no te estés medicando para nada y decidas poner un 50 %. O bien puede que estés saliendo de una larga enfermedad o condición clínica y que, comparado con lo «habitual», ahora mismo te sientas *wow* y pongas un 70 %. Una vez más, la puntuación debe ser totalmente subjetiva.

- **ACTIVIDAD FÍSICA.** ¿Te mueves? ¿Solías moverte más? ¿Quisieras mover el cuerpo más de lo que lo haces? Puede que ya seas deportista, pero que tu meta sea entrenar cada día y tu puntuación sea del 50 %. Puede que no hayas usado unas deportivas durante años y justo ahora hayas empezado a ir al gimnasio y vayas un par de veces por semana y te sientas más que satisfecho y tu puntuación sea del 90 %...

- **COCINA.** ¿Cuánto cocinas? ¿Disfrutas en la cocina? ¿Qué cantidad de la comida que consumes está preparada en casa? ¿Cuán consciente eres de la calidad de los ingredientes que se han usado para preparar tu plato? No es lo mismo un plato preparado en casa, ni que lo haya hecho tu pareja, padre, madre o amigo, que uno que puedas comer en un restaurante.

- **CASA.** ¿Cómo te sientes en casa? ¿Le puedes llamar hogar? ¿Te sientes cómodo? ¿Puedes bajar la guardia, relajarte y encontrar armonía? Hay quienes entran en casa y no se encuentran en su espacio, ya sea porque comparten piso con quienes la comunicación no es demasiado buena, o porque las cosas con la pareja no van demasiado bien y uno se siente incómodo, o porque simplemente la energía del espacio no fluye, tiene malos vecinos, ruidos, etc.

- **RELACIONES.** ¿Cómo son tus relaciones? Piensa en las personas más cercanas o con las que más te relacionas. ¿Te sientes cómodo con ellas? En este apartado en concreto es bueno pensar que muchas veces lo que proyectamos en los demás y su respuesta hacia nosotros es un reflejo de tal como nos sentimos nosotros con nosotros mismos. Cuanta más paz tengamos con nuestro ser, mejores serán las relaciones con los demás.

- **VIDA SOCIAL.** Opinión totalmente subjetiva, recuerda. Hay quienes necesitan reunirse con los amigos cada tarde al salir del trabajo o estudio, charlar, compartir, estar envueltos en algo social cada día. Hay quienes son más reservados y quedar con un amigo para tomar un té el sábado por la tarde les satisface al 100 % su vida social. ¿Cuál es tu sensación al respecto? ¿Qué puntuación te das?

- **ALEGRÍA.** ¿Te consideras una persona alegre? ¿La gente celebra tu sonrisa, positivismo? ¿Cuál es tu actitud ante la vida? Date una puntuación.

- **ESPIRITUALIDAD.** Bien, este apartado no se refiere a si eres religioso o no, que también es una forma de espiritualidad, sino, sobre todo, al espacio que te puedas dar a ti mismo. ¿Cuánto tiempo guardas al cabo de la semana para escucharte, para preguntarte qué quieres, quién eres, cuál es tu propósito de vida? Para recalcular, como dice el GPS, y analizar el camino por el que estás pasando y rectificar si no es el que te lleva hacia tus objetivos, misión, ilusiones. ¿Guardas espacio para respirar? ¿Practicas alguna técnica de *mindfulness*? ¿Practicas yoga, taichí o *qigong*, por ejemplo? Todo esto son herramientas para dar espacio a la espiritualidad en tu ajetreada agenda.

- **CREATIVIDAD.** ¿Cuán creativo eres? ¿Te vienen ideas espontáneas? ¿Te gusta crear cosas nuevas con las manos, escribir, pintar, inventar nuevas estrategias en proyectos en los que estés metido, propuestas de nuevas actividades en familia, amigos...? Uno no necesita escribir poemas, ser pintor ni músico para ser creativo. ¿Qué puntuación te das?

- **FINANZAS.** Y por último, y no por eso menos importante, ¿cómo llegas a final de mes? ¿Puedes ahorrar algo o llegas ahogado? ¿Puedes permitirte aquello que quieres en el día a día o cada mes tienes que reinventarte para pagar todas las facturas? Ponle un número.

Ahora que ya tienes todos los puntos señalados en el círculo, únelos creando un nuevo «círculo». Hazlo antes de seguir leyendo.

¿Listo? Bien, aquí te presento tu vida. Tienes enfrente de ti un resumen de todos los aspectos principales que conforman tu día a día. ¿Cómo lo ves? ¿Ha salido una forma armoniosa, equilibrada y más o menos circular? ¿O un asterisco o una forma con muchas entradas y salidas? El objetivo no es que todo sea un 100 % (ojalá todo estuviera así de bien, pero suena bastante a utopía, ¿no?). Lo suyo es que todo esté en equilibrio y lo más circular posible y poquito a poco ir incrementando las puntuaciones. U, otra lectura, que te ayudes de aquello que te ha salido con más puntuación para poner más energía en aquellos aspectos que están más bajitos y mejorarlos.

A continuación, analiza los dos aspectos con puntuación más bajita y anota en las siguientes líneas qué crees que podrías hacer a partir de ahora para mejorarlos.

GRUPOS DE ALIMENTOS

«Eleva tus palabras, no tu voz. Es la lluvia la que hace crecer las flores, no los truenos».

– RUMI

Sé un faro. Irradia tu luz y deja que los barcos lleguen a buen puerto guiados por ella. No salgas de tu centro persiguiendo a los que no te quieren ver. Algunos llegarán a otro puerto, otros se irán a la deriva, pero tú seguirás en tu espacio, disponible para los que sí quieren verte.

No pretendas convencer a la fuerza, ni imponer tus creencias, son todo maneras de entender el mundo. No te enfades, no grites, ni uses la fuerza. Comparte tu conocimiento sobre el tema, usa el don de la palabra con mucho respeto y comprensión, y sé tú un ejemplo de aquello que predicas para mostrar los beneficios y hablar con autoridad.

En este nuevo capítulo me gustaría responder todas las preguntas acerca de los diferentes grupos de alimentos.

LOS CUATRO GRANDES GRUPOS DE ALIMENTOS

Para poder entender cómo combinar los alimentos, es importante tener claros los diferentes tipos de grupos de alimentos.

PROTEÍNAS

Legumbres: alubias, habas, garbanzos, soja, lentejas, cacahuetes...
Frutos secos y semillas: pipas de girasol, pipas de calabaza, semillas de lino, semillas de sésamo, almendras, nueces, anacardos, avellanas...
Productos animales: leche, carne, pescado, queso, huevos...

Algas
Cereales: arroz, mijo, trigo, centeno, avena, pan, pasta...
Pseudocereales: quinoa, trigo sarraceno, amaranto...
Raíces y tubérculos: calabaza, patata, boniato, zanahoria (cocida), chirivía, taro, yuca...

VEGETALES

Hojas verdes: lechuga, *kale*, col, acelgas, *bok choy*...

Otros vegetales: apio, brócoli, calabacín, berenjena, rábanos, pepino, pimiento... El pepino y el pimiento son frutas, pero tienen muy poco contenido de azúcar.

GRASAS Y ACEITES

Grasas: aguacate, coco, aceituna, mantequilla, margarina...

Aceites: aceites vegetales, aceites de semillas y frutos secos (oliva, girasol, maíz, sésamo...)

FRUTAS

Dulces: plátano, dátiles, frutos secos, higos, uva, papaya, caquis, chirimoya...
Subácidas: manzana, pera, frutas silvestres, cerezas, mango, uva...

Ácidas: pomelo, naranja, limón, lima, piña, fresa...
Melones: melón verde, melón de cantalupe, sandía

PIRÁMIDE DE LA ALIMENTACIÓN COME LIMPIO

En el mundo de la nutrición hay muchos mitos, confusiones y opiniones, así que en este apartado intentaré cubrir todas las dudas desde el punto de vista COME LIMPIO basándome en mis estudios y en mi experiencia profesional con clientes. Recuerda que estaremos hablando desde otra perspectiva, diferente de la nutrición convencional impartida en la mayoría de las universidades.

Para empezar, me gustaría presentarte la pirámide de la alimentación COME LIMPIO:

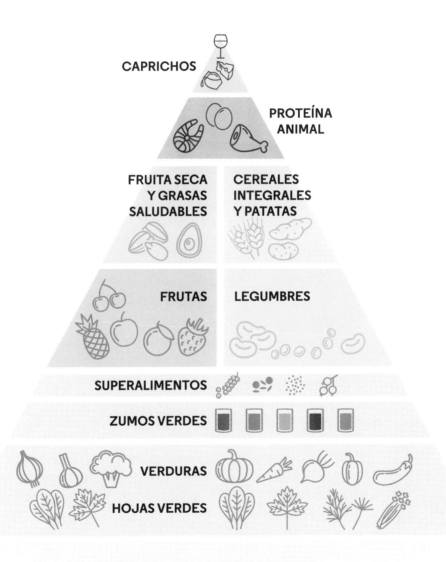

PIRÁMIDE COME LIMPIO

Llegados a este punto del libro, no tenemos dudas de que los vegetales son el fundamento de una alimentación que promoverá un buen estado de salud. Así que, empezando por la base y terminando por la cúspide de la pirámide, nos encontraremos con:

1. **LOS VEGETALES:** entre los que destacaremos y daremos más importancia a los de hoja verde, por su elevado contenido en clorofila y fibra. Estos deben ser la base de nuestra alimentación y deben estar presentes en cada una de nuestras comidas (desayuno, aperitivo, almuerzo, merienda y cena) de una forma u otra. Serán los alimentos que mantendrán el organismo en un estado constante de depuración.

2. **LOS ZUMOS Y BATIDOS VERDES:** en el mismo tono de color encontraremos estos elixires, cuya base siguen siendo los vegetales. Una forma rápida, práctica y deliciosa de incrementar el consumo de vegetales en tu día a día.

3. **SUPERALIMENTOS / FERMENTADOS / BROTES Y GERMINADOS:** aquí encontramos hierbas aromáticas, especias, semillas y vegetales y bayas con una elevada concentración de nutrientes, con una capacidad antioxidante por encima de la media del resto de alimentos. Las dosis serán pequeñas pero suficientes para beneficiarnos de sus propiedades.

4. **LAS FRUTAS:** por encima y con otro tono de color encontramos las frutas. Este grupo de alimentos son una gran fuente de vitaminas, minerales, antioxidantes e hidratación. Nos aportarán azúcares naturales de rápida absorción. El mejor reconstituyente para tener energía y recuperar el ánimo.

5. **LAS LEGUMBRES:** en el mismo nivel que las frutas, encontramos las legumbres por dos motivos: por su elevado contenido en fibra y por ser una excelente fuente limpia de proteína vegetal. Deberían consumirse diariamente de una forma u otra.

6. **LOS CEREALES Y ALMIDONES:** los cereales integrales, en un nivel más arriba, nos aportarán fibra, carbohidratos complejos y una buena cantidad de minerales y vitaminas, sobre todo del grupo B. Deben ser habituales en nuestra alimentación. En este grupo también incluimos raíces y tubérculos como la patata, el boniato, la yuca, el ñame, la malanga...

7. **GRASAS SALUDABLES:** en el mismo nivel que los cereales integrales y almidones tenemos las grasas, indispensables para el buen funcionamiento del organismo y el equilibrio hormonal. Serán grasas enteras como las que aportan los frutos secos, las semillas, los aguacates y las aceitunas. Las grasas son necesarias de forma dia-

ria, pero en cantidades menores que las verduras o frutas, por eso su posición más elevada en la pirámide.

8. **PROTEÍNAS ANIMALES:** un nivel más arriba encontramos fuentes de proteína animal como la carne, el pescado y los huevos. No son indispensables para un buen equilibrio nutricional. Consumirlos o no se trata de una opción personal. En ese mismo grupo incluiremos los aceites vegetales. En los siguientes apartados hablamos con más detalle de ello. Quédate con que si los consumes que sea con moderación, y siempre buscando su máxima calidad.

9. **NUESTRA «CANA AL AIRE»:** comer es un placer, un alimento primario, así que una alimentación armoniosa también debe dar cabida a esos caprichos que nos apetecen de vez en cuando y que nos nutren y alegran el alma. Así que en la punta de la pirámide damos cabida a esos alimentos un poco más procesados, con más grasas o azúcares refinados de los que consumiríamos de forma habitual, o a esa copita de vino o cervecita para celebrar lo que sea. Simplemente por el hecho de estar vivos y porque nos apetece.

PROTEÍNA ANIMAL Y PROTEÍNA VEGETAL

Mucho se habla de si el ser humano ha llegado a su evolución actual por el hecho de haber consumido carne o no... Aquí va mi punto de vista.

Si observamos nuestra constitución y el diseño de nuestro cuerpo encontraremos algunas pistas. Dentro del reino animal, tenemos un evidente parecido a los primates (con los que compartimos un 99,4 % de nuestra secuencia genética). Piensa en un chimpancé y presta atención a las articulaciones de tus manos, a la frente, a los labios, al pecho... Fíjate en su mandíbula, en cómo comen y machacan los alimentos, haciendo movimientos de delante hacia atrás, así como tú. Los dientes son llanos, a excepción de los caninos, que nos permiten abrir cáscaras de semillas y frutas duras. A diferencia de nosotros, encontramos animales como los leones que tienen unos «dedos» muy cortos e inflexibles, que solo son el soporte de su garras. Estas garras están preparadas para clavarse y rasguñar la carne de sus presas. Los colmillos son destacables dentro de su mandíbula e incluso sus molares siguen siendo puntiagudos para seguir desgarrando la carne cruda antes de tragarla. Sin estas garras ni colmillos, el cuerpo de estos animales no estaría preparado para alimentarse de esta manera...

¿Cómo somos por dentro?

Estas son diferencias que podemos apreciar a simple vista, pero ¿cómo está diseñado nuestro interior? El hígado de un ser humano tiene poca tolerancia al ácido úrico (residuo que se produce dentro del cuerpo como resultado de la metabolización de proteína animal); por el contrario, el hígado de un león tiene uricasa o urato oxidasa, enzima capaz de metabolizar y gestionar el ácido úrico quince veces más eficaz que el hígado de un humano. Otra cosa que podemos diferenciar es el tipo de jugos gástricos que encontramos en el estómago. El león tiene un jugo gástrico concentrado altamente ácido para desnaturalizar de forma más eficaz y rápida las proteínas animales, se calcula que unas diez veces más concentrado que en los humanos.

Y, por último, la longitud de los intestinos. Los humanos tenemos unos intestinos muy largos, aproximadamente de nueve metros, doce veces el largo del cuerpo (desde lo alto de la cabeza hasta el final de la espina dorsal), para dar tiempo suficiente a poder absorber todos los nutrientes, vitaminas minerales y otros nutrientes de las plantas. Los leones tienen un intestino mucho más corto, unas tres veces el largo de su cuerpo, diseñado para eliminar rápidamente la materia ácida resultante de la metabolización de la proteína animal. El colon del león está preparado para absorber agua y sales minerales. El colon de los humanos, aparte de absorber agua y otros electrolitos, tiene la función de fabricar y absorber algunas vitaminas, y en él también se produce la fermentación bacteriana de materiales fibrosos de las plantas.

Todo esto nos hace pensar que los humanos no somos carnívoros y que tenemos un cuerpo diseñado para llevar a cabo una alimentación más herbívora. El Dr. Milton Mills de PCRM (*Physicians Committee for Responsible Medicine*) nos lo cuenta detalladamente y de forma comparativa en su tesis *The Comparative Anatomy of Eating*.

¿Qué pasa cuando comemos en desacorde con nuestra constitución? La proteína animal requiere mucho esfuerzo por parte de nuestro sistema digestivo para ser procesada, fuerza nuestros órganos y produce mayor cantidad de residuos tóxicos (como el ácido úrico, el amoníaco y las purinas). Si la proteína animal

> Los humanos empezaron a comer carne por supervivencia, pero las condiciones y la esperanza de vida eran muy diferentes a las de hoy en día.

se queda demasiado tiempo encerrada en los intestinos (sitio húmedo y a elevada temperatura) acaba fermentando y pudriéndose, generando bacterias malas y otras sustancias dañinas. Cuando nuestra sangre está cargada de toxinas, para poder expulsarlas restamos espacio al transporte de minerales y otras vitaminas que contribuyen a la regeneración y conservación de nuestras células (efecto *anti-aging*). Este podría ser el inicio de desequilibrios en nuestra salud.

Entonces, ¿por qué los humanos llevan comiendo carne miles de años? Bien, los humanos empezaron a comer carne por motivos de supervivencia y de escasez provocada por cambios climáticos radicales que les forzaban a comer aquello que podían recolectar o cazar, pero esto no quiere decir que fuera la mejor opción. Hace muchos siglos, las condiciones y la esperanza de vida eran muy diferentes a las de hoy en día, y nuestros antepasados seguían incluyendo una gran cantidad de alimentos vegetales en su alimentación, nada que ver con la alimentación contemporánea de los países occidentales.

El cuerpo humano está perfectamente diseñado para seguir una alimentación a base de hojas verdes, vegetales, frutas, brotes, frutos secos y semillas. Así que si comemos proteína de origen animal debería ser en pequeñas cantidades y no en cada una de nuestras comidas.

Entonces, ¿de dónde sacamos la proteína?

Los animales más fuertes del planeta siguen una alimentación herbívora. Piensa en un elefante, en un rinoceronte, en un búfalo, en un gorila. Su alimentación está compuesta básicamente de hojas verdes con algunas raíces y frutas. Así que ¿podemos, los humanos, obtener todos los requerimientos de proteína necesarios a través de alimentos 100 % vegetales? La respuesta, sin duda, es **sí**.

El tema de las proteínas puede llegar a ser muy confuso, y es que no es para menos. La industria ganadera y lechera es una de las industrias más financiadas por muchos gobiernos; tienen una gran influencia en las decisiones de salud pública, y su actividad moviliza miles de millones de euros. Hay un brutal incentivo para motivar a la población a consumir estos productos y además hacer propaganda de que debemos consumir productos de origen animal porque son de una calidad superior, de lo contrario asumiremos grandes consecuencias... Pero, ¿qué consecuencias? Cuando hay tantos intereses económicos, debemos cuestionárnoslo ¡todo!

Te recomiendo que veas el documental *What the Health*, dirigido por Kip Andersen, el mismo productor del aclamado documental *Cowspiracy*, para conocer un ejemplo de la situación en uno de los países líderes en el ámbito mundial.

Vivimos en unos tiempos en los que creemos que si algo es bueno, el doble aún será mejor. Irónicamente, estamos creciendo en una sociedad más tóxica que nunca, con una lista interminable de nuevas enfermedades, muchas de ellas derivadas de un consumo excesivo de proteínas, y consiguientemente de grasas y tóxicos. ¿Puede que, una vez más, los intereses de las grandes industrias actúen en detrimento de la salud de la población?

¿Qué son las proteínas y cuántas necesita nuestro cuerpo para estar sano?

La proteína es un macronutriente, lo cual quiere decir que se necesita en cantidades superiores a los micronutrientes –vitaminas y minerales– y que nos aporta calorías, en concreto 4 kcal por cada gramo.

Las proteínas juegan un papel esencial en nuestra salud. Las podemos visualizar como cadenas formadas por pequeños bloques llamados aminoácidos. Existen veinte aminoácidos diferentes, y sus distintas combinaciones darán paso a las miles de variedades de proteínas. De estos aminoácidos, nuestro cuerpo es capaz de fabricar once, así que los nueve restantes, los llamados aminoácidos esenciales, deben ser obtenidos a partir de fuentes externas, principalmente a través de los alimentos que ingerimos.

Existen dos tipos de proteínas, las proteínas estructurales y las proteínas funcionales. Las proteínas estructurales nos dan fuerza y nos permiten movernos. Son las que forman nuestros tejidos. La proteína más abundante en nuestro cuerpo es el colágeno, y se encuentra en los huesos, cartílagos y tendones. Por otra parte, las proteínas funcionales están presentes en todos los procesos del cuerpo, desde fortalecer el sistema inmune (anticuerpos) o controlar las reacciones químicas del organismo (enzimas), hasta regular el crecimiento (hormonas).

Como puedes ver, las proteínas son utilizadas por nuestro cuerpo constantemente, así que, cada vez que consumimos proteínas, a través de su digestión y metabolización creamos otras nuevas y podemos sustituir y retirar las que están más desgastadas.

Pero la pregunta es: ¿qué cantidad de proteínas debemos consumir para reemplazar las que están más utilizadas? Contrariamente a lo que nos han hecho creer hasta ahora, el cuerpo humano necesita una cantidad relativamente muy pequeña de proteínas para cubrir las necesidades diarias. La OMS nos indica que las proteínas deberían formar entre el 5 y el 15 % de las calorías totales diarias; aun así, esta agencia se cura en salud y marca unos niveles recomendados que están por encima de la realidad, pues establece un margen de más considerando la capacidad de absorción de cada individuo y la calidad de la fuente de proteína.

El Dr. T. Campbell, profesor en la División de Ciencias de la Nutrición de la Universidad Cornell, colaborador en el American Institute for Cancer Research y autor del estudio epidemiológico nutricional más exhaustivo hasta el momento (su obra es conocida como *El estudio de China*), explica en su libro que las proteínas solo deben formar el 5-6 % del total de las calorías que ingerimos para reemplazar las proteínas que desgastamos diariamente, lo que sería consumir 0,5 g de proteína por kilo de peso al día. Pero considerando el margen del grado de absorción y la calidad de la fuente de proteína, recomienda consumir 0,8 g de proteína por kilo de peso al día. Es decir, si tu peso es de 60 kg, vas a necesitar consumir unos 47 g de proteína diarios. Solo por ponerte un ejemplo, una porción de 200 g de *hummus* (puré de garbanzos), fácil y deliciosamente comestible, te aporta unos 30 g de proteína.

Para calcular tus necesidades, puedes utilizar esta pequeña fórmula:

$$0,8 \times \underline{\quad} \text{ KG} = \underline{\quad} \text{ G DE PROTEÍNA A CONSUMIR EN UN DÍA}$$

En situación de embarazo, lactancia o de practicar deporte de forma intensiva o querer ganar musculatura, la recomendación es de 1-1,6 g de proteína por kilo de peso al día. Esto debe determinarse según cada caso individual.

El Dr. D. Graham, autor de la dieta crudivegana 80/10/10, también defiende la idea de consumir menos del 10 % de calorías procedentes de la proteína. De hecho, si nos paramos a observar la naturaleza, las proteínas en la leche materna solo conforman el 5-6 % de sus calorías totales, y eso que se trata del alimento exclusivo de la mayor etapa de crecimiento de un humano.

¿Qué consecuencias tiene un consumo excesivo de proteínas?

Como hemos podido comprobar, nuestras costumbres alimentarias hacen que el aporte de proteínas en nuestra alimentación sea exageradamente más elevado que las necesidades reales que tiene nuestro cuerpo. A la larga, este exceso puede generar desequilibrios en nuestro organismo y derivar en enfermedades degenerativas muy severas. Déjame que te mencione tan solo algunos:

- **Acidificación del cuerpo:** Los alimentos ricos en proteínas son, en su mayoría, los más acidificantes. Con el objetivo de mantener un correcto equilibrio (homeostasis), cuando ingerimos grandes cantidades de proteínas nuestro cuerpo activa un mecanismo de compensación para contrarrestar esta acidez. ¿Y cómo lo hace? Vertiendo minerales con efecto alcalinizante en el torrente sanguíneo, principalmente calcio procedente de nuestros huesos y dientes. Aquí encontramos la respuesta a que cada vez tengamos más población y más joven padeciendo osteopenia y osteoporosis.

- **Sobrecarga renal:** Cuando tenemos un exceso de proteínas en el cuerpo, estas deben ser eliminadas, pues de lo contrario alcanzaríamos peligrosos niveles de toxicidad. El exceso de proteína es filtrado por los riñones y eliminado por la orina. El filtro constante de grandes cantidades de proteínas supone una sobrecarga para los riñones, que puede degenerar a insuficiencia renal.

- **Taponamiento de las membranas celulares:** Un exceso en la ingesta de proteína puede taponar y poner más rígidas las membranas de las células y, como consecuencia, dificultar que el oxígeno y los nutrientes entren dentro de las células y que los residuos tóxicos sean expulsados de su interior. Las células afectadas estarán malnutridas y asfixiadas, paso previo a la posibilidad de aparición de enfermedades degenerativas como el cáncer.

Proteína animal vs. proteína vegetal

¿Cuántas veces hemos escuchado que la proteína animal es la de mayor calidad y que las proteínas vegetales son incompletas? Vamos a aclarar este tema y a ver que, en este caso, la «calidad» según los conocimientos tradicionales no siempre es la mejor opción para la salud. En este sentido, el concepto de «calidad» de una proteína se refiere a la eficiencia o rapidez con la que nuestro cuerpo utiliza las proteínas de los alimentos para elaborar tejido humano, su propia proteína.

Las cadenas de proteínas que obtenemos a partir de alimentos de origen animal son las más parecidas a las proteínas de la configuración humana. Visto así, las proteínas de origen animal nos aportan todos los aminoácidos que nuestro cuerpo necesita para crear sus propias proteínas, y lo más importante es que nos aportan todos los aminoácidos esenciales.

Por el contrario, las proteínas de origen vegetal no nos vienen completas; es decir, no nos aportan todos los aminoácidos esenciales que el cuerpo necesita para elaborar sus propias cadenas proteicas. Existen varios aminoácidos limitantes, que son aquellos que faltan o se encuentran en cantidades muy inferiores para poder formar una proteína completa. Por ejemplo, en el caso de los cereales el aminoácido limitante es la **lisina**, y en el caso de las legumbres, la **metionina**.

Es este el motivo por el que se relaciona el consumo de proteínas animales con el crecimiento y desarrollo de los músculos; en muchas ocasiones y, erróneamente, la proteína animal se considera la mejor opción. El hecho de acelerar las funciones de nuestro organismo, es decir, acelerar el metabolismo y crecimiento de los tejidos, lo único que hace es acelerar el proceso de envejecimiento.

Cuando ingerimos una proteína de origen animal, nuestro organismo debe desmontar la cadena de aminoácidos para que estos queden libres y puedan formar la proteína que pertenece a la estructura humana. Durante este proceso de metabolización se producen residuos y radicales libres (como los mencionados anteriormente, ácido úrico, amoniaco y purines) que contribuyen a la oxidación y al envejecimiento celular.

Por otra parte, la proteína de origen vegetal, la que supuestamente es de «baja calidad», puede que no la recibamos en nuestro organismo como una proteína «completa» y que tampoco tenga una estructura parecida a la humana; sin embargo, será mucho más limpia para el cuerpo que la procedente de la carne. Lo que los alimentos vegetales nos ofrecen son aminoácidos libres; es decir, los bloques para construir nuestra propia cadena de proteína humana ya por separado, ahorrando trabajo y residuos a nuestro cuerpo. Como hemos visto, no vamos a recibir todas las piezas de nuestro puzle proteico a la vez debido a que hay aminoácidos que son limitantes, pero consumiendo una buena variedad de productos vegetales nuestro cuerpo recibirá todos los aminoácidos necesarios para finalmente crear una proteína humana. También hay que desmentir que se deban combinar ciertos alimentos vegetales, como por ejemplo cereales y legumbres, en un mismo plato para obtener proteína completa, pues nuestro cuerpo guarda los aminoácidos de cada alimento en un margen de más de 24 horas, y cuando tiene todas las piezas crea la proteína humana. Es decir, podemos prepararnos una ensalada de arroz salvaje para almorzar y cenar una crema de verduras con una hamburguesa de lentejas.

Otro tema que considerar es que cocinar destruye el 50 % de la biodisponibilidad de la proteína, y la mayoría de la proteína animal que se consume es sometida a elevadas temperaturas. Piensa en una parrillada de carne, donde la brasa dora y tuesta la carne. Esa proteína que pasa de color rosado a marrón oscuro es señal de proteína destruida y desnaturalizada. Visto así, este tipo de proteína no es la que contribuirá a tener una salud y un aspecto brillante, a diferencia de las semillas, los frutos secos o los vegetales ricos en proteína, como la col *kale*, las espinacas, las coles o los espárragos, que podemos comer ligeramente cocinados o incluso en crudo.

Para concluir, y desde el punto de vista de la salud, el consumo de proteína animal no resulta ser demasiado eficiente, pues la carne tiene un gran poder de acidificación del cuerpo, provocando una inflamación generalizada, la descalcificación de los huesos, y creando residuos tóxicos que causan el envejecimiento acelerado de las células y, como consecuencia, la aparición de enfermedades degenerativas. La carne, por muy magra que sea, siempre va a contener grasa saturada y colesterol, que contribuyen a la aparición de enfermedades cardiovasculares. Además, la digestión de las proteínas animales requiere mucha más energía, que nos priva de vitalidad para seguir con nuestras tareas diarias.

FUENTES DE PROTEÍNAS

CEREALES por 100 gramos

ARROZ	7,6
AVENA	11,7
CENTENO	10
CEBADA	12
MAÍZ	10,2
TRIGO	14,3
QUINOA	16,5
AMARANTO	14,5

LEGUMBRES por 100 gramos

SOJA	34,7
HABA SECA	26,1
JUDÍA PINTA	23,6
LENTEJA	23,2
GUISANTE SECO	22,9
JUDÍA BLANCA	21,3
GARBANZO	20,8

FRUTOS SECOS por 100 gramos

PIÑONES	14
CACAHUETE	25,2
SEMILLAS DE CHÍA	20
ALMENDRAS	18,7
PISTACHOS	18
NUECES	15
AVELLANAS	12
CASTAÑAS	2,7

VERDURAS por 100 gramos

SETAS	5
COL RIZADA/KALE	4,3
AJO	4,3
COLES DE BRUSELAS	4,4
ESPÁRRAGOS	2,3
BRÓCOLI	3,6
COLIFLOR	2,4
ESPINACAS	2,6

CARNES por 100 gramos

CHULETA DE CERDO	21,7
PAVO	20
POLLO	19
SOLOMILLO DE BUEY	20,2
LOMO DE CERDO	16,3
CONEJO	10,4

PESCADO por 100 gramos

ATÚN	21,5
SALMÓN	20,6
LENGUADO	17,5
DORADA	18
RAPE	14,9
CALAMAR	16
GAMBA	18

LÁCTEOS por 100 gramos

LECHE ENTERA	3,1
LECHE DE CABRA	3,7
YOGUR NATURAL	4
QUESO CHEDDAR	25,4
QUESO DE BURGOS	14

OTROS por 100 gramos

HUEVO	12,7
CHOCOLATE PURO	5,3
ALGA KEP CRUDA	1,7
ALGA WAKAME CRUDA	3
ALGA ESPIRULINA SECADA	58
LEVADURA DE CERVEZA	45

*Fuente: *La composición nutricional de los alimentos*. ORTEGA ANTA M.; LÓPEZ SOBALER A.; REQUEJO MARCOS A.; et. al. Editorial Complutense, 2004.

Las frutas son un grupo de alimentos con un contenido de proteína bajo ya que suelen aportar entre unos 0,5-2 g por cada 100 g de alimento. El aguacate y el plátano son las dos frutas con mayor contenido de proteína.

FUENTES VEGANAS DE PROTEÍNA

SOJA

Las habas de soja son muy fáciles de digerir. Su consumo más tradicional es en forma de edamame, tofu y sus formas fermentadas, como *tempeh*, *miso* y *tamari*. Actualmente hay muchos productos elaborados y altamente procesados a base de soja (como la leche de soja, los helados de soja o las carnes de soja) o en los que la lecitina de soja o su harina está presente. El consumo desmedido de este alimento está provocando hipersensibilidad y la aparición de nuevas alergias entre la población. Además, la soja es uno de los cultivos más transgénicos del planeta, por eso debemos optar siempre por su versión ecológica.

VEGETALES DE HOJAS VERDES

Brócoli, espinacas, *kale*, choy, rúcula, lechuga, hoja de mostaza, etc. Todos contienen aminoácidos esenciales que se asimilan rápidamente. Además, están altamente asociados a una vida larga por ser ricos en magnesio, hierro, calcio y estar llenos de quercetina, un bioflavonoide lleno de propiedades antioxidantes, antiinflamatorias y anticancerígenas.

CEREALES

Están presentes en la mayoría de las civilizaciones del mundo. Muchas personas son hipersensibles al gluten del trigo sin saberlo y los síntomas varían mucho en cada individuo.

LEGUMBRES

Las legumbres contienen una cantidad más elevada de aminoácidos que otras plantas. Si no estás habituado a comer legumbres, empieza por consumir las de tamaño más pequeño, como las judías mungo, las lentejas o las judías azuki para poder digerirlas mejor.

SEITÁN

También conocido como «carne de trigo», el seitán es un producto alto en proteína que se fabrica con gluten de trigo. No es un alimento completo y está altamente refinado.

FRUTOS SECOS

Generalmente considerados una grasa y no una fuente de proteína. También nos aportan aminoácidos. Los cacahuetes (de hecho, leguminosas), son los que más contenido proteico tienen.

SEMILLAS

Tienen un contenido más elevado en aminoácidos que los frutos secos y son menos calóricos que estos. Las semillas aportan beneficios antiinflamatorios y cardiovasculares, ya que contienen vitamina E, fibra y son una de las pocas fuentes vegetales de ácidos grasos omega-3. Algunas de las semillas más saludables incluyen chía, semillas de lino, cáñamo, calabaza y girasol.

Sin embargo, quiero añadir que consumir de forma consciente pequeñas cantidades de proteína animal no nos va a privar de crecer y prosperar saludablemente, pero siempre deberemos considerar comprar estos productos de la mayor calidad, ecológicos, locales, libres de transgénicos y criados humanamente. No deberíamos comer piezas de carne más grandes que la palma de la mano, solo una vez al día como mucho, y no más de tres veces por semana. Y para mejorar su digestión, siempre las consumiremos junto a vegetales.

Lista de aminoácidos esenciales

ISOLEUCINA | LEUCINA | LISINA | METIONINA | FENILALANINA TREONINA | TRIPTÓFANO | VALINA | HISTIDINA

¿Y qué pasa con la proteína del mar?

El pescado tiene unos tejidos musculares más blandos que la carne, que dejan menos residuo en el cuerpo y requieren menos energía para ser digeridos.

Sin embargo, el problema con el pescado es su contaminación por metales pesados como el mercurio y por policlorobifenilos (sustancias químicas altamente tóxicas). Este grupo de alimentos son menos acidificantes que las carnes rojas, pero sería bueno limitar su consumo de dos a tres veces por semana.

En este punto, te recomiendo muchísimo que veas el documental *Plastic Ocean*, que te permitirá concienciarte plenamente sobre cómo estamos tratando el medio en el que viven los seres marinos, los cuales después comemos.

¿Y qué pasa con los huevos?

Aquí hay mucha controversia también. Hay expertos de la nutrición que los consideran un superalimento y hay otros que los consideran una bomba de colesterol y proteínas concentradas. Déjame que te dé mi visión sobre el tema...

Los huevos son una gran fuente de proteínas y grasas, y aunque puedan ser un buen recurso en situaciones de escasez, ya que es un alimento muy completo, también llegan a ser «demasiado buenos» para lidiar con ellos de forma diaria debido a las necesidades reales del cuerpo humano. El 32 % de la composición del huevo es proteína, y si nos comemos únicamente la clara estamos consumiendo un 100 % de proteína, albúmina en concreto. Anteriormente he mencionado las necesidades reales del cuerpo humano: un 10-15 % de las calorías deben provenir de proteína, seas bebé, niño o adulto. Recuerda que la leche materna tiene tan solo un 5-6 % de proteína.

Más allá de números, estés de acuerdo o no con los porcentajes, el huevo no deja de tener una alta concentración de proteína animal, con su consecuente efecto acidificante.

Por otra parte, entre un 60-70 % de su composición es grasa. La grasa es necesaria en el cuerpo, pero hay otras opciones de mayor calidad y más saludables, como los frutos secos, las semillas, las aceitunas y los aguacates. Si nos ponemos a comparar, 1 huevo nos aporta 186 mg de colesterol; media pechuga de pollo, 93 mg, y 100 g de bistec, 91 mg.

Además, cuando se come huevo suelen ser más de uno a la vez. Muchas culturas tienen la costumbre de desayunar uno o dos huevos con más proteína animal… Incluso un estudio del Departamento de Nutrición de Harvard observó riesgo de sufrir enfermedades cardiovasculares en pacientes diabéticos asociado al consumo de más de un huevo al día.

Con esto no quiero desterrar los huevos de tu alimentación. La filosofía COME LIMPIO no es un blanco o negro. Si quieres seguir consumiéndolos, solo sé consciente de su composición y no abuses de ellos, busca la mayor calidad y siempre acompáñalos de una generosa ración de vegetales.

LECHE Y DERIVADOS

Ya conocéis todos los argumentos a favor de los productos lácteos: son buenos para los huesos, necesitamos el calcio, nos aportan buena proteína, son excelentes durante la etapa de crecimiento… ¿Me creeríais si os digo que **NO**, que no lo son?

Aquí van algunas de las razones:

1. Los lácteos se consideran fuente de proteína animal, y como tal tienen un efecto acidificante en nuestro organismo, desencadenando así inflamación general. El calcio es conocido como el mejor mineral para contrarrestar los estados ácidos del cuerpo. El mayor reservorio de este mineral son los huesos, y es de allí de donde el cuerpo saca el calcio necesario para combatir la acidez y mantener su nivel de pH natural (7,3). La pérdida de calcio de los huesos puede causar la pérdida de densidad ósea, osteoporosis y otras enfermedades óseas. En conclusión, contrariamente a lo que se conoce en general, la leche descalcifica. Un estudio realizado por la Universidad de Harvard siguió el consumo de productos lácteos en 78.000 mujeres durante más de 12 años. El resultado demostró que las mujeres que consumían más productos lácteos eran las que más huesos se rompieron frente a las que apenas consumían leche, quesos y otros derivados. Mi pregunta es: ¿de dónde obtienen el calcio los animales como las vacas, que tienen estos huesos tan robustos y que encima producen leche? ¡Lo obtienen de las plantas! Las plantas son muy ricas en calcio y, a su vez, en magnesio, un mineral absolutamente necesario para que el cuerpo absorba y utilice el calcio correctamente.

2. Se sabe que toda leche de vaca, sea convencional u orgánica, contiene aproximadamente 59 hormonas activas, decenas de grasas saturadas, colesterol y posibles alérgenos. La gran mayoría de leches contienen restos de herbicidas o pesticidas, antibióticos, y en algunos análisis hasta se han detectado partículas de sangre, heces, virus y pus. Entonces, la leche, que se ha considerado en muchas ocasiones como el alimento perfecto, es perfecta para los terneros, pero no para los seres humanos.

3. El proceso de pasteurización destruye la mayor parte de los nutrientes de la leche. Se eliminan los patógenos potencialmente peligrosos, pero también se destruyen todas las enzimas saludables de la leche.

4. A la caseína, la principal proteína animal de la leche, se le atribuyen propiedades cancerígenas. En *El estudio de China*, el Dr. T. Colin Campbell analiza el resultado de años de estudio, que muestran que la caseína puede promover el crecimiento de células cancerígenas cuando se exponen a la toxicidad. Lamentablemente, muchas veces estamos expuestos a ambientes tóxicos de los que no podemos escapar (contaminación, tráfico, rayos X), pero sí podemos evitar el consumo de caseína.

5. Y sin cambiar de tema… ¿sabías que las hormonas de crecimiento que se dan a las vacas para que produzcan leche sin parar son excretadas del cuerpo de la vaca a través de su leche, la misma que más tarde es embotellada para nuestro consumo? Estas hormonas de crecimiento también estimulan y aceleran el crecimiento de las células cancerígenas en los seres humanos.

Bien, creo que hasta aquí hay razones suficientes. Te animo a que hagas tú también tu propia investigación…

Y tu pregunta quizás es: ¿qué puedo tomar como sustituto? Similares en textura y utilización en la cocina, no en aporte de calcio, hay muchísimas alternativas a la leche que se encuentran fácilmente en los pasillos de tu supermercado. Empieza por probar la leche de almendra, avellana o avena, y si quieres una consistencia más espesa, prueba la leche de cáñamo. Y si lo que echas de menos es un toque más dulce, entonces prueba con la leche de coco o de arroz.

Pero la mejor opción de todas siempre será la leche que puedas hacer tú en casa. Es tan fácil de hacer… Encontrarás una receta de leche de avellanas en la página 234.

Que tus fuentes principales de calcio sean los vegetales de hoja verde, las coles, los frutos secos, las semillas, las algas y hierbas aromáticas como el perejil, el cilantro, el orégano y la albahaca. Y cuanto menor sea el consumo de alimentos con residuo acidificante, menor será la pérdida de este mineral en tu cuerpo. No se trata solo de su consumo sino también de saber conservarlo.

Te recomiendo muchísimo que en este punto veas el documental *Forks Over Knives*; es como un resumen videográfico de las conclusiones escritas en el libro *El estudio de China* del Dr. T. Colin Campbell, que ya he mencionado anteriormente. Es un tanto antiguo, pero su contenido es de elevadísimo valor. Personalmente, este documental me ha ayudado a concienciar a los más escépticos. ¡Ojalá te sea útil y lo compartas!

VEGETALES Y FRUTAS

Ya he hablado mucho acerca de los beneficios de incorporar e incrementar el consumo de vegetales en nuestra alimentación. Dentro de este grupo de alimentos, las hojas verdes y las coles son las reinas debido a sus potentes propiedades antioxidantes, depurativas y anticancerígenas que múltiples estudios ya han demostrado.

El valor nutricional de la mayoría de los vegetales es muy rico. Son una gran fuente de calcio, magnesio, hierro, potasio, fósforo, zinc, y vitaminas A, C, E y K. Además, también nos aportan ácido fólico, clorofila, otros pigmentos antioxidantes y fibra. Los más verdes (espinacas, acelgas, berros, rúcula, canónigos, *kale*) tendrán un efecto más *detox* dentro del cuerpo; los más amargos tendrán un efecto más depurativo del hígado (endivias, escarola, alcachofas, brócoli, rábanos, coliflor, coles de Bruselas).

Hay una gran variedad de vegetales verdes para elegir durante todo el año, así que no hay excusa para no encontrar aquellos que más te gusten. Será bueno ir rotando y variando de forma acorde con la estacionalidad por dos razones: primero, porque cada uno de ellos nos aporta una composición nutricional diferente y específica, y segundo, porque hay ciertos vegetales, como las espinacas, las hojas o la raíz de la remolacha, las acelgas, el ruibarbo y la ocra, entre otros, que contienen oxalatos. Los oxalatos son componentes que se enlazan con el calcio y no dejan que este se absorba correctamente. Además, las personas que son propensas a padecer cálculos renales (piedras en el riñón) deben tener precaución y no abusar de ellos. Pese a esto, no debemos tenerles miedo, puesto que se ha demostrado que las personas que consumen una elevada cantidad de oxalatos desarrollan la habilidad de aumentar la absorción del calcio. Y consumiendo una buena diversidad de vegetales no nos faltará calcio en el cuerpo, ya que la mayoría de verdes tienen más calcio para contrarrestar el efecto de los oxalatos, como el *bok choy*, las lechugas, las hojas de nabo, el perejil, el cilantro o las hojas de mostaza.

Formas de cocción

Se ha demostrado que la cocción de los vegetales reduce considerablemente su contenido en oxalatos (de un 38 % a un 74 % según el vegetal), sobre todo cuando se hierven y no se aprovecha el agua. La preparación que más mantendrá el contenido en micronutrientes de los vegetales y frutas será la que no requiera someterlos a temperaturas elevadas, comerlos en crudo o no llegar a temperaturas superiores a 42-45 ºC, ya que es a partir de esa temperatura que gran parte de las enzimas se inactivan y las vitaminas termolábiles se eliminan. En algunos alimentos, como el caso del tomate, se ha estudiado que al someterlo a calor se puede absorber mejor su antioxidante licopeno, pues con la temperatura se rompen algunas fibras que liberan este pigmento. Este mismo efecto se podría lograr también usando la trituración, ya sea batiéndolo o preparado en un zumo.

Dicho esto, según la filosofía COME LIMPIO las mejores opciones serán:

- En crudo.
- Encurtidos o marinados (cocción por ácido; suele ser con zumo de limón o vinagre).
- Al vapor (este retendrá los minerales).
- Salteados o en *wok* (sin usar aceites o agregando unas cucharadas de agua o caldo vegetal para que se ablanden los vegetales).
- Al horno.

- Hervidos (déjalos el tiempo justo y necesario para que no pierdan demasiados minerales; una vez ablandados, saca los vegetales del agua).

Los vegetales, cuanto más duros y fibrosos son, más cuestan de masticar y más sacian. Sin embargo, en crudo no es la mejor forma de comerlos para todo el mundo. A las personas con colon irritable, gastritis, muchos gases o simplemente que tienen una composición más Vata (según el ayurveda), les conviene no abusar de ellos.

Los fritos se descartarán y se reservarán solo para aquellas ocasiones «especiales», pero verás que cada vez te apetecen menos, sobre todo cuando sientes cómo te remueven el estómago y te dan digestiones largas y pesadas una vez ya no estás acostumbrado a ellos.

La fibra

¿Dónde mejor tratar este tema que aquí? Las frutas y verduras son una gran fuente de este fitocomponente, así como también lo son los cereales integrales y las legumbres. No la llamaremos nutriente, ya que no nos nutre directamente; el cuerpo no la absorbe y, por lo tanto, no nos aporta energía/calorías. A quien sí alimenta es a una parte de las bacterias que forman nuestra flora intestinal, porque al consumirla genera unos residuos, ácidos grasos de cadena corta, que nuestro tracto intestinal sí puede absorber y aprovechar. Podemos afirmar así que la fibra contribuye también a tener un sistema inmune preparado, pues la flora intestinal es una de nuestras primeras líneas de defensa frente a virus y bacterias.

La recomendación diaria de fibra para una persona adulta es de 25 g, aunque hay opiniones que sugieren que el consumo de hasta 40 g diarios podría ser también beneficioso (*Fiber is the Key to Good Health*, Dr. Neal Barnard, 2015). Si no estás para nada acostumbrado a ingerir tanta fibra, no es bueno que pases del 0 a los 40 g de la noche a la mañana, ya que te podría causar un efecto contrario y provocar molestias como estreñimiento, gases, flatulencias e incluso mareos. Ve incrementando de forma gradual las cantidades de fibra y deja espacio y tiempo para que tu sistema digestivo se adapte a ello y sepa cómo utilizarlo sin irritarse.

Existen dos tipos de fibras: las fibras solubles y las fibras insolubles. La fibra soluble, como su nombre bien indica, se disuelve o mezcla con el agua. Este tipo de fibra tiene la capacidad de absorber líquido creando una especie de moco o gelatina que lubrica las paredes intestinales y permitiendo que el bolo fecal circule fácilmente por el tracto intestinal. A su vez, este tipo de fibra también tiene la capacidad de retener cierta cantidad de azúcares, lo que ralentiza la velocidad de absorción de estos y regula los picos de glucosa (y, en consecuencia, insulina) en sangre, propiedad por la cual es tan recomendada en casos de diabetes. Y, por si fuera poco, otra función que podemos otorgar a este tipo de fibra es que atrapa ciertas partículas de grasa, en particular el colesterol, y evita que este se reabsorba y vuelva al hígado, forzando al organismo a que use el colesterol del propio torrente sanguíneo y contribuyendo a una mejor salud cardiovascular.

La fibra soluble la podemos encontrar en la pulpa de muchos cítricos, en la manzana y en los arándanos, en vegetales como la zanahoria o el nopal, en semillas como el lino y la chía, en cereales como la avena, y en las legumbres.

La fibra insoluble la podríamos comparar con un cepillo de dientes o de lavar platos. Su función principal es «rascar» las paredes intestinales para despegar cualquier suciedad incrustada en el tracto intestinal. Se asegura de que no queden residuos dentro de nuestro sistema digestivo, minimizando el riesgo de fermentaciones e infecciones. Este tipo de fibra puede llegar a causar irritación si se consume en exceso, y sobre todo se debe controlar su ingesta en caso de colon irritable, gastritis o enfermedad de Crohn, condiciones en las que la mucosa intestinal ya está inflamada e irritada y no conviene que nada «rasque» más esa pared.

Fuentes alimentarias de este tipo de fibra son los cereales integrales, los frutos secos, las semillas, la fruta fresca con su piel, los vegetales de hoja verde, las coles, el apio, el pepino y el tomate.

La vitamina C

No quiero adentrarme en detalle a hablar de cada una de las vitaminas que existen en el reino de los alimentos, primero porque aún hay mucho por descubrir de cada una, segundo porque cada día se descubren nuevas vitaminas, y tercero porque se podrían escribir diez libros como este hablando del tema y aún habría mucho más por contar. Pero sí quiero remarcar la importancia de una de ellas en particular, y esta es la vitamina C, también llamada ácido ascórbico.

Se trata de una vitamina esencial. El cuerpo humano, a diferencia del de otros animales, no es capaz de producirla, por lo que necesita consumirla a través de los alimentos. La necesidad diaria de vitamina C es de 76 mg para las mujeres y 90 mg para los hombres,

> La vitamina C tiene un potente efecto antioxidante, que nos ayuda a combatir los radicales libres.

aunque la recomendación es de unos 200 mg debido a los diferentes grados y factores condicionantes de su absorción. En algunos casos, como cuando hay tabaquismo, alcoholismo, toxicidad o toma de antibióticos, se requiere más cantidad, ya que la capacidad de absorción de esta disminuye. Un déficit de vitamina C puede provocar escorbuto. Un exceso de su consumo es fácil de excretar a través de la vía urinaria, ya que se trata de una vitamina hidrosoluble (se disuelve con el agua) y no se acumula. Lo más grave que se ha podido observar por un elevado consumo (más de 2 g/día) son molestias gastrointestinales y diarreas.

La vitamina C tiene un potente efecto antioxidante que nos ayuda a combatir los radicales libres. Estos radicales libres pueden ser el resultado de la conversión del alimento en energía dentro del cuerpo, de los factores medioambientales que nos rodean, como el humo del tabaco, la contaminación de los coches u otras toxinas que encontramos en los alimentos, productos de higiene o agua potable. Su acumulación es la responsable del envejecimiento celular, que con el tiempo puede ser motivo de artritis, cardiopatías y cáncer, entre otras enfermedades.

Entre las varias funciones que la vitamina C ejecuta dentro del organismo encontramos que:

- Ayuda a la absorción del hierro de procedencia vegetal.
- Fortalece el sistema inmunológico (protegiéndonos de bacterias y virus patógenos).
- Ayuda a combatir el efecto tóxico de los metales pesados en el organismo.
- Ayuda a cicatrizar heridas y sanar tejidos rotos.
- Participa en la conversión del colesterol en ácidos biliares.
- Es esencial en la transformación del aminoácido triptófano al neurotransmisor serotonina.
- Es una pieza clave en la producción de colágeno.

¿De dónde vamos a obtener el colágeno?

Este último punto da respuesta a una de las preguntas que más usualmente recibo cuando hablamos de una alimentación 100 % vegetal, sobre todo por parte de personas preocupadas por el aspecto de la piel del rostro, las uñas y el cabello.

El colágeno es la proteína que más abunda en nuestro organismo, ya que se encuentra en la piel, los músculos, los vasos sanguíneos, las articulaciones, los órganos y otras partes del sistema. Entre muchísimas más funciones, esta proteína:

- Mantiene la firmeza, elasticidad y suavidad de la piel y el cabello.
- Evita el desgaste de las articulaciones y, por lo tanto, los dolores.
- Fortalece uñas, cabello y dientes.
- Forma el tejido conectivo y, por lo tanto, promueve una buena salud de los órganos.

Nuestro cuerpo tiene la capacidad de formar esta proteína de forma natural, por lo que no es necesario consumirla para obtenerla, pero sí es cierto que conforme vamos envejeciendo el cuerpo deja de ser tan eficiente en su fabricación. Además, existen factores que también afectan a su producción, como la presencia en el organismo de toxinas y radicales libres por los malos hábitos alimenticios (exceso de azúcares refinados), el tabaco, la sobreexposición al sol, la contaminación, etc. Es por todo esto que nos empiezan a salir arrugas en la piel o incluso presentamos dolores en las articulaciones de forma prematura.

De aquí salieron los famosos suplementos de colágeno, ya sea en polvo o en cápsulas. La eficacia de estos suplementos la pongo en entredicho, y más después de una seria conversación con una doctora dermatóloga especializada en cosmética (y que sigue una alimentación omnívora), que me confirmó que «la manera más eficaz de obtener colágeno es consumiendo alimentos ricos en vitamina C para que el cuerpo pueda producir el suyo propio, y que lo de tomar colágeno en polvo lo único que te alisa es el bolsillo». Su recomendación fue tomar batidos de frutos silvestres (arándanos, moras, frambuesas y fresas) un par de veces a la semana, por su gran contenido en vitamina C y otros potentes antioxidantes. Yo aquí le añadiría complementarlo con un estilo de vida COME LIMPIO, que reducirá la exposición a toxinas procedentes tanto de los alimentos como de productos de higiene y limpieza, entre otros, y ayudará a depurar más fácilmente aquellas que entran dentro del organismo.

Se ha visto que la suplementación de vitamina C no es tan eficiente como la ingesta directa del alimento entero. Como siempre, la unión hace la fuerza y son todos los componentes conjuntos de un alimento rico en vitamina C los que contribuirán a un mejor estado de salud general.

Así que para aumentar la ingesta de vitamina C y estimular la propia producción de colágeno es muy importante incluir algunos de estos ingredientes en tu alimentación diaria:

PIMIENTOS | TOMATE | VEGETALES DE HOJA VERDE OSCURO | VEGETALES DE LA FAMILIA DE LAS COLES (COLIFLOR, COL LOMBARDA, BRÓCOLI, COLES DE BRUSELAS, REPOLLO) | CÍTRICOS (LIMÓN, LIMA, NARANJA, POMELO/TORONJA, ETC.) KIWIS | GRANADAS | PAPAYA | GUABA | FRESAS FRUTOS ROJOS/SILVESTRES (ARÁNDANOS, MORAS, FRAMBUESAS)

(El contenido de vitamina C en los alimentos de origen animal es prácticamente nulo.)

Algo que puedes hacer para incrementar aún más tu consumo de vitamina C es agregar superalimentos a tus batidos. Los *superfoods* que más te convienen por su alto contenido en vitamina C son los siguientes:

BAYAS DE GOJI | ACAI | MANGOSTÁN | CAMU-CAMU BAOBAB | BAYAS INCAS (GOLDEN BERRIES) | MORINGA | RAÍZ DE CÚRCUMA

Más color, más valor

A los pigmentos que dan esa gran variedad y gama de colores tanto a las frutas como a las verduras se les otorga también una alta capacidad antioxidante. Seguro que te sonarán algunos nombres como:

- Carotenos: responsables de colores como el amarillo, el anaranjado, el rojo y el verde de zanahorias, melocotones, mangos, albaricoques, calabaza y boniato.
- Licopeno: responsable del color rojo de la sandía o el tomate.
- Flavonoides: responsables del color azul, morado y violeta de remolacha, uvas moradas, berenjena o alubias negras.

Así que asegúrate de comerte toda la paleta de colores a lo largo de la semana, porque en la variedad está el gusto pero también la salud.

Orgánico vs. no orgánico

Antes de empezar, debemos aclarar que los términos orgánico, biológico y ecológico tienen el mismo significado. Aunque decantarse por vegetales orgánicos es lo recomendado, comer vegetales verdes no orgánicos es mejor que no comer ninguno.

Lo que sí cabe decir es que cada vez más estudios demuestran que los alimentos orgánicos tienen un mayor contenido en nutrientes. Un estudio publicado en 2014 en el *British Journal of Nutrition* demostró que los cultivos orgánicos tenían hasta un 50 % más de antocianinas y flavonoides que los no orgánicos, sin mencionar los daños que provoca en el organismo la acumulación de pesticidas, herbicidas y otras sustancias químicas que se usan en el cultivo convencional.

Encontrar opciones orgánicas no siempre es fácil, ya sea por su elevado coste o simplemente porque donde vivimos la oferta es reducida o inexistente. La asociación Environmental Working Group cada año publica una lista de aquellos alimentos más contaminados orgánicamente y de los que sí deberíamos intentar comprar en su forma orgánica.

Esta es la última lista publicada:

**FRESAS | ESPINACAS | NECTARINAS | MANZANAS | UVAS
MELOCOTONES | CEREZAS | PERAS | TOMATES | APIO | PATATAS | PIMIENTOS**

Como podrás ver, la mayoría de estos alimentos no se pueden pelar (espinacas, fresas) o se suelen consumir con su piel (manzana, cerezas). Lavar bien o pelar los alimentos no los libera de sustancias químicas, ya que el agua que compone la pulpa o carne del alimento también está afectada, pero sí es verdad que es en la piel o cáscara donde mayor concentración de químicos hay, así que, por poner un ejemplo, consumir un plátano o aguacate no orgánico al que les quitamos la piel será menos dañino que comer una rama de apio o un puñado de moras no orgánicas.

Para cerrar este apartado de frutas y vegetales, te propongo que veas otro documental, *Fat, Sick and Nearly Dead*, de Joe Cross, un hombre que, harto de tomar medicación y a un paso de la tumba, decide recuperar su salud subiéndose a su camioneta con dos compañeros de viaje: un extractor de zumos y su voluntad.

Tras ver este documental, seguro que te animas a crear tus propios mejunjes verdes. Te animo a que experimentes en casa con los zumos y batidos verdes. Recuerda: **siempre** deben estar presentes los vegetales de hoja verde.

CEREALES Y OTROS ALMIDONES

Estoy segura de que has oído que los carbohidratos engordan o que para bajar de peso y mantenernos en un peso ideal debemos eliminar los hidratos de carbono de nuestra dieta. Frente a este comentario te diré que si al hablar de carbohidratos nos referimos a las *pizzas*, las pastas, la bollería, el arroz blanco, los panes industriales, las galletas y demás que van en sintonía... estoy totalmente de acuerdo. Son todos alimentos procesados que no solamente nos aportan carbohidratos refinados, sino que además se les ha añadido grasas vegetales, azúcares, se les ha desprovisto de su fibra y seguramente se les ha agregado algún conservante.

Si nos referimos a cereales y almidones como el arroz integral, el arroz salvaje, la quinoa, el trigo integral, el mijo, el amaranto, el trigo sarraceno, la espelta, la cebada, el centeno, la patata, el boniato, la yuca y otros tubérculos, todos ellos cultivos integrales y sin refinar, entonces no. Estos alimentos tienen un rol importante en nuestra nutrición, ya que son fuente de vitaminas de los grupos B y E, de minerales como el hierro, contienen fibra y nos aportan azúcares complejos que se absorben gradualmente, manteniendo nuestros niveles de glucosa en sangre estables.

Para mejorar la digestibilidad de los granos, es aconsejable dejarlos en remojo entre 1-6 horas, de esta manera se ablandan y eliminamos su ácido fítico.

¿Qué pasa con el gluten?

Probablemente hayas oído que mucha gente opta por no consumir gluten y te estarás preguntando el porqué. ¿Se trata de una nueva dieta de moda? ¿Es realmente algo bueno? ¿Te has preguntado alguna vez si tú deberías dejar de consumir gluten también?

Bien, primero es importante saber qué es el gluten. El gluten es una proteína que encontramos en cereales como el trigo, la cebada, el centeno y la espelta. La gente que sufre de celiaquía, una enfermedad genética autoinmune, tienen cero tolerancia al gluten. Esta proteína daña los intestinos provocando una mala absorción de los nutrientes que puede derivar en malnutrición y retraso en el crecimiento. Los celíacos no pueden consumir ni una miga de pan e incluso la contaminación cruzada en utensilios de cocina les puede provocar molestos síntomas como diarrea o hinchazón de cabeza, y siempre una afectación a la pared intestinal.

No obstante, mucha gente sufre de hipersensibilidad al gluten, que es distinto a ser celíaco. Quien padece de hipersensibilidad al gluten no tiene los anticuerpos que se encuentran en personas con celiaquía, y sin embargo pueden experimentar síntomas parecidos. Estos síntomas pueden incluir dolor abdominal, síndrome de colon irritable, diarrea, hinchazón de barriga, digestiones pesadas, estreñimiento, fatiga, dolor en las articulaciones, dolor muscular, dolores de cabeza, eczema y acné, entre otros.

La intolerancia al gluten puede ser desencadenada por un intestino permeable, una condición en la cual el sistema inmunológico de nuestro cuerpo responde a la presencia de ciertas partículas de alimentos produciendo una inflamación generalizada.

¿Una mutación?

La razón por la cual cada vez más gente presenta síntomas de hipersensibilidad al gluten no está muy clara. Una teoría es que esta proteína ha ido mutando con los años debido a su excesivo cultivo y modificación para que este fuera más maleable, sobre todo en el trigo, y convirtiéndose en una molécula más «dura» a la que nuestro cuerpo no está acostumbrado, causándole irritabilidad. Otra teoría es que tampoco ayuda que en nuestra alimentación común el consumo de trigo sea tan abundante (pan, pastas, *pizzas*, bollería, productos envasados). De media, se consumen entre 6-8 raciones diarias de este alimento con propiedades inflamatorias.

Entonces, si eres una de aquellas personas que sufre de molestias intestinales y todavía no has encontrado una solución o padeces alguna de las molestias mencionadas más arriba, puede que una alimentación libre de gluten sea de gran ayuda.

Por lo general, si se adopta una dieta libre de gluten, se pueden experimentar los beneficios ya durante la primera semana. Unas 6-8 semanas sin comer gluten será tiempo suficiente para eliminar condiciones más severas como migrañas, eczemas y colon irritable si la causa de estas es el gluten.

Cuando se elimina el gluten de la dieta es importante tener un control de los nuevos síntomas que se experimentan y de los que aparecen una vez se reintroduce, si es el caso.

"Come limpio no damnifica el consumo de alimentos de origen animal o con gluten, edulcorantes, alcohol o aceites; excluirlos de tu alimentación será una opción personal. **Ahora bien, te invito a tomar consciencia sobre estos alimentos y que siempre que los consumas lo hagas teniendo en cuenta las consecuencias.**"

Esto nos permitirá detectar si tenemos o no hipersensibilidad al gluten. Algo muy útil puede ser anotar en un diario todo lo que comes y cómo le sienta a tu cuerpo para poder llegar a una conclusión. ¿El gluten es aceptado o **NO** por mi organismo?

Nunca más podré comer gluten...

Hay quien prefiere no hacer la prueba por miedo a que después comer alimentos con gluten le siente mal. Bien, es cuestión de prioridades, pero déjame que te cuente algo...

En época de fresas o sandías, comemos estas frutas sin problema, aprovechamos que están de temporada, las disfrutamos y al llegar el otoño-invierno dejamos de consumirlas, hasta el siguiente año que volvemos a comerlas y nos sentimos igual de bien.

¿Por qué, cuando dejamos de comer gluten durante una temporada, al reintroducirlo sentimos esos retortijones, esa irregularidad en el baño, nos aparecen espinillas y granos en la cara, o regresan esos dolores de cabeza? ¿Es culpa de las fresas o las sandías, o es que el gluten realmente no nos sienta bien? Déjame que te cuente qué pasa.

El sistema digestivo, frente a tal amenaza de irritabilidad, desarrolla un mecanismo de protección. ¿Qué es? Es una capa de moco que cubre las paredes intestinales y que protege de irritaciones, pero que a su vez tampoco deja que la absorción de los nutrientes sea eficaz en su máximo potencial. Cuando dejamos de consumir gluten (y esto también pasa con otros ingredientes que pueden provocar irritabilidad, como los quesos y otros lácteos), nuestro cuerpo no tiene la necesidad de mantener esa capa de moco, así que literalmente lo expulsa a través de las heces.

Vamos con otra metáfora. Si tenemos un lago lleno de basura, neumáticos y colillas donde tiramos otra colilla más, ¿vamos a ver alguna diferencia? No, ¿verdad? Si tenemos un lago cristalino, donde podemos ver los peces y su arena del fondo claramente, y le echamos un barril de gasolina, ¿vamos a ver alguna diferencia? ¡Va a ser dramático!

Lo mismo pasa dentro de nuestro sistema digestivo: si ya está acostumbrado a recibir cosas irritantes y mantiene esa protección de moco, comer algo más con gluten no va a causar más molestias de las que probablemente ya sufres sin darte cuenta. Si no tienes ningún tipo de protección cubriendo tus paredes intestinales, entonces sonarán las alarmas y sentirás irritación.

Esta es la explicación, y es una decisión totalmente personal querer hacer la prueba.

¿Y qué voy a poder comer?

Hay muchos productos empaquetados sin gluten en el mercado, pero cuidado, porque no todos ellos son sanos ni le convienen a nuestro bolsillo. Existen muchos aditivos e ingredientes procesados que no contienen gluten, y estos son los que se utilizan en muchos productos elaborados especialmente para celíacos.

El secreto será mantener una dieta rica en alimentos naturales y enteros como la fruta fresca, los vegetales, las legumbres, las semillas, los frutos secos y los cereales muy nutritivos, como la quinoa, el mijo, el amaranto, la avena y el trigo sarraceno.

De esta forma, evitaremos los procesados y gastar más dinero del necesario, y además enriqueceremos nuestra dieta con productos de alto valor nutricional.

Además, hoy en día ya es mucho más normal y común encontrar algún producto un tanto elaborado que no tenga gluten y a un precio muy razonable. En la sección asiática de algunos supermercados seguro que encontrarás tallarines de arroz, y en el pasillo de las pastas es probable que ya puedas comprar espaguetis de maíz o espirales de quinoa.

A veces, hacer este tipo de cambio en la alimentación puede ser todo un reto, pero cuando los dolores de cabeza desaparecen, se van las molestias de las articulaciones y se gana energía, el **cambio** merece la pena.

Así que, si te estás planteando seguir una dieta sin gluten y actualmente estás experimentando algún síntoma de los mencionados, te animo a que lo pruebes. ¡Lo único que puede pasar es que recuperes toda tu salud y vitalidad!

Aunque preferentemente recomiendo consumir los granos enteros y no en harinas, quiero salir en defensa de los panes ecológicos hechos con masas madres, donde se conserva la calidad del cereal y su gluten no está alterado. En esos casos, si eres hipersensible al gluten pero sin llegar a grado severo, puede que al consumir esta variedad no experimentes síntomas.

LEGUMBRES

Este grupo de alimentos ha vuelto a recuperar su valor tras años de no darle su merecido aprecio. Se trata de granos con un alto valor nutricional, son pequeños paquetitos con un sinfín de elementos esenciales para el buen desarrollo de nuestra salud.

Las legumbres nos aportan fibra, carbohidratos, ácidos grasos esenciales, vitaminas del grupo **B**, minerales como el hierro, folatos, magnesio, fósforo, manganeso y potasio, y una muy buena cantidad de proteína; por todo ello, se las clasifica como fuente de proteína vegetal.

Las legumbres son un alimento muy completo y muy presente en la alimentación vegana y vegetariana, ya que nos aportan importantes dosis de los nutrientes que encontramos en los alimentos de origen animal. Por ejemplo, unos 200 g de lentejas nos aportan el 90 % de las recomendaciones diarias de folatos y casi el 40 % de hierro.

Su composición nutricional nos ayuda a estabilizar los niveles de azúcar en sangre, nos ayuda a mantenernos saciados y a regular nuestro tránsito intestinal, contribuye a la reducción del colesterol «malo» (LDL), el colesterol total y reduce el riesgo de sufrir cardiopatías, según varias investigaciones realizadas en centros de investigaciones como la Harvard Public School.

El «problema» con las legumbres y con otros tipos de granos y semillas son sus antinutrientes, esas sustancias que contienen y que dificultan la absorción de ciertos nutrientes, como

61

el calcio, el zinc, el magnesio y el hierro. El antinutriente más conocido es el ácido fítico, también presente en cereales y frutos secos. Otro antinutriente estudiado son las lectinas.

Lo bueno es que existen algunos trucos para reducir la presencia de estos componentes en nuestras legumbres que no solamente mejoran su digestibilidad, sino que aumentan sus nutrientes y la facilidad de su absorción. Puedes germinarlos en casa hasta que tengan un «rabito» de unos 4 a 5 milímetros (después encontrarás los pasos a seguir para una buena germinación), o bien los puedes cocinar directamente hirviéndolos; además, puedes agregar a la cocción o una hoja de laurel o una hoja de alga *kombu* o *wakame*.

Si comes las legumbres simplemente germinadas, hazlo moderadamente, a modo de guarnición y no como base de un plato entero, puesto que su digestibilidad puede seguir siendo densa.

La mejor opción siempre será prepararse las legumbres desde el inicio, aunque sí es cierto que requiere mucho tiempo hacerlo correctamente. Por eso en los supermercados encontramos ya las legumbres cocidas listas para comer. El problema de estos productos es su elevada cantidad de sodio, y su contenedor cuando se presentan en lata de aluminio. Si optas por esta forma más práctica, asegúrate de que sean bajas en sal, cómpralas en tarro de cristal y siempre enjuágalas para reducir el contenido en sodio y eliminar rastros de cualquier otro conservante que le hayan añadido.

¿Qué pasa con los gases?

Es posible que te haya pasado, es más, que lo hayas sufrido… Cuando cambias tu alimentación a una más centrada en alimentos de origen vegetal, inevitablemente la cantidad de fibra que consumes se incrementa de forma exponencial. Y si eres de los que estás por hacer el cambio, seguro que este apartado te interesa, ya que algunos consejos te irán bien. Mejor prevenir que curar, dicen…

La cantidad de gases que puedes sufrir variará según la composición y salud de tu flora intestinal y, por encima de todo, también debes escucharte y saber identificar qué grupos de alimentos son los que te provocan malestar.

1. No pases del 0 al 100 de la noche a la mañana. Incrementa la cantidad de fibra de forma gradual: empieza por incorporar fruta o batidos en los desayunos, y poquito a poco aumenta más la presencia de vegetales en tus almuerzos. Cuando te siente bien, agrégalos a tus cenas. Y con los granos no pases de comer pan blanco y pastas refinadas a solo comer quinoa y legumbres; haz la transición de arroz blanco a integral y poquito a poco incorpora los nuevos alimentos. Deja espacio y tiempo a que tu sistema digestivo se acomode.

2. Las bebidas gaseosas, los edulcorantes artificiales y los chicles provocan hinchazón de barriga y gases. Así que trabaja para eliminarlos de tu alimentación.

3. Debes incrementar también el consumo de agua con el aumento de consumo de fibra, para evitar que esta no se quede como una bola y haga el efecto contrario, un tapón en el sistema digestivo.

4. No pases de comerlo todo cocinado a comer todos tus vegetales crudos. Puedes hacer medias cocciones, como someter las verduras al vapor, que seguirán siendo crujientes pero más blanditas que en crudo.

5. Pon siempre en remojo tus legumbres y haz lo mismo con tus cereales y frutos secos si estos también te provocan gases.

6. Termina tus comidas con una infusión de hinojo o anís estrellado para ayudarte a expulsar gases. La papaya y la piña son otras frutas con enzimas digestivas que pueden ayudarte a aliviar los gases, en este caso podrían ser una opción de postre.

Además de estos consejos, una friega en la barriga en el sentido de las agujas del reloj también te ayudará a movilizar los gases en la dirección correcta para ser expulsados.

Y, sobre todo, mantenerte activo o practicar algún deporte te ayudará a la movilización de gases del tracto intestinal.

Hay personas a las que consumir cualquier tipo de cereal se les hace pesado, sin tener nada que ver con la hipersensibilidad al gluten. En estos casos, los almidones o carbohidratos más complejos se pueden obtener de los tubérculos y raíces, y los carbohidratos simples, de la fruta.

FRUTOS SECOS Y SEMILLAS

Los frutos secos y las semillas son alimentos con un alto valor nutricional. Aparte de aportarnos grandes cantidades de aminoácidos, también nos aportan valiosos ácidos grasos (omega-3 y 6), fibra, vitaminas y minerales que son catalizadores, junto a enzimas metabólicas, de la reparación de tejidos y piel que dan un efecto embellecedor. Además, muchos de estos minerales han sido relacionados con la disminución del riesgo de padecer enfermedades cardiovasculares y enfermedades degenerativas como el cáncer y el alzhéimer.

Debido a su alto contenido en grasas, aunque saludables, su consumo debe ser moderado; entre uno y dos puñados al día es la dosis recomendada.

Como se ha comentado en el apartado de las legumbres, los frutos secos y las semillas tienen algunos componentes llamados antinutrientes, y estos se pueden eliminar poniéndolos en remojo. Personalmente, si no consumes muchas cantidades ni a menudo, puedes obviar el paso del remojo. Sí lo aconsejo cuando se utilizan en grandes cantidades, como, por ejemplo, para preparar un postre crudivegano.

A continuación tienes una lista con la descripción de los frutos secos y las semillas más comunes y su tiempo de remojo estimado:

• Almendras (8-12 h): son los frutos secos más nutritivos por excelencia. Son una fuente de vitamina E, calcio, fósforo, hierro y magnesio. También contienen zinc, selenio, cobre y niacina.

• Nueces de Brasil (3-4 h): son especialmente ricas en grasas monoinsaturadas y son una buena fuente de vitamina E y minerales como selenio, potasio, hierro, calcio, manganeso, fósforo y zinc.

- Anacardos (2-4 h): tienen un alto contenido en grasas monoinsaturadas, minerales, como cobre, magnesio y calcio, y vitaminas del grupo B, como la tiamina y la niacina. En la cocina crudivegana, en muchas ocasiones no se ponen en remojo debido a que su textura cambia, y quedan demasiado blandos.

- Avellanas (8-12 h): son muy ricas en proteínas, grasas insaturadas y vitaminas del grupo B.

- Nueces (4-7 h): se las considera un alimento perfecto para mantener la salud cerebral debido a su alto contenido en omega-3. Las nueces contienen una gran variedad de vitaminas y minerales con efecto cardioprotector.

- Pistachos (6 h): aparte de cobre, manganeso y vitaminas del grupo B, los pistachos tienen dos antioxidantes únicos, difíciles de encontrar en otros frutos secos: luteína y zeaxantina. Estos antioxidantes han sido relacionados con una buena salud óptica y la prevención de degeneración macular.

- Piñones (2 h): son muy ricos en proteínas vegetales, grasas, aminoácidos, vitaminas del grupo B, manganeso, cobre, magnesio, zinc y potasio. La variedad europea es muy rica en hierro.

- Pipas de girasol (4-6 h): son una excelente fuente de vitamina E, uno de los mayores antioxidantes del cuerpo. También son ricas en magnesio y selenio.

- Pipas de calabaza (6-8 h): ricas en vitamina E, zinc, manganeso, fósforo, magnesio, hierro y fitonutrientes.

- Semillas de lino: son muy ricas en ácidos grasos omega-3, fibra, manganeso, vitamina B6, fósforo, cobre y lignanos. Se deben moler antes de consumirlas para romper su duro cascarón y así poder absorber todos sus nutrientes.

- Semillas de sésamo: son una altísima fuente de calcio, magnesio, hierro, fósforo, vitamina B1, zinc, fibra y grasas insaturadas. La absorción de sus nutrientes aumentará si se muelen antes de consumirlas.

- Semillas de chía: son muy ricas en omega-3, proteínas, antioxidantes, calcio y fibra soluble. Aportan todos los aminoácidos esenciales, así que son fuente de proteína completa. Para activar su textura gelatinosa y consumirlas, bastará con ponerlas en remojo durante unos 20 a 30 minutos, o bien consumirlas mezclándolas con una base líquida como son los zumos o batidos verdes.

- Semillas de cáñamo: son reconocidas como superalimento por su alto contenido en proteína vegetal, fibra y su equilibrio de ácidos grasos esenciales omega-6 y omega-3. Aportan todos los aminoácidos esenciales, así que son fuente de proteína completa.

Instrucciones para germinar semillas o legumbres

- Enjuaga las semillas generosamente con agua.

- Viértelas en un cuenco, cúbrelas con agua y déjalas en remojo unas 6-8 h (o toda la noche).

- Transcurrido este tiempo, escúrrelas y viértelas en un germinador o en un frasco de vidrio. Si utilizas un frasco de vidrio, cúbrelo con una malla, trapo o gasa y una goma. Mantén el germinador o frasco inclinado para que se vaya drenando el agua.

- Enjuaga las semillas 2 veces al día (mañana y noche) y repite este proceso hasta que la semilla germine y el «rabito» tenga el tamaño adecuado.

FERMENTADOS

Fermentar los alimentos es una de las técnicas de preparación y conservación más usadas y más antiguas de la historia de la humanidad. La refrigeración es una técnica relativamente nueva, así que anteriormente los humanos tuvieron que desarrollar otras técnicas de conservación de los alimentos, sobre todo para acumular reservas durante los meses de más frío y poca cosecha.

Tipos de fermentación

Fermentación anaeróbica. Tiene lugar en ausencia de oxígeno, y se origina en líquidos y salmueras (líquidos saturados de sal). También es conocida como lactofermentación, ya que la bacteria produce ácido láctico con la fermentación de los carbohidratos. Esta producción de ácido láctico crea un ambiente ácido donde las bacterias «malas», con potencial de estropear la comida, no pueden sobrevivir. Es esta condición la que permite una adecuada conservación del alimento.

Las bacterias probióticas más comunes que producen ácido láctico son: lactobacilos y bifidobacterias.

Fermentaciones por ácido láctico: yogur, chucrut, *kimchi*.

Fermentación aeróbica. Algunas bacterias y levaduras requieren la presencia de oxígeno para llevar a cabo la fermentación. Los alimentos fermentados en este método también contienen bacterias anaeróbicas. Algunos ejemplos muy claros son la *kombucha*, en cuya elaboración la cubrimos con una toalla y no con un tapón hermético, o el pan con masa madre, que requiere ventilación para fermentar.

Fermentaciones que requieren aire: quesos, vinagres, *tempeh*, *kombucha* y pan.

Beneficios de la fermentación

Fermentar los alimentos no solo alarga su conservación, sino que aumenta exponencialmente su valor nutritivo incrementando su capacidad probiótica (aportan bacterias buenas para nuestro sistema digestivo) y enzimática.

Nutrición

La fermentación facilita la pérdida de los antinutrientes presentes en cereales, legumbres, semillas y frutos secos, que dificultan la digestión e impiden la absorción de minerales.

La predigestión de los alimentos en el proceso de fermentación y la gran presencia enzimática hacen que la absorción de sus nutrientes crezca exponencialmente. Por ejemplo, el contenido en vitamina C de una col fermentada es 10 veces superior que el de la col cruda, y vitaminas del grupo B como la colina y el ácido fólico (conocidas por reducir el riesgo de sufrir cáncer y enfermedades cardiovasculares) están más activas. Por otra parte, los fermentados promueven la propia producción de vitaminas del grupo B y K2 en las paredes más profundas del intestino.

Digestión

La fermentación da paso a la proliferación de enzimas y de billones de microbacterias que repueblan las paredes de nuestros intestinos.

Fermentar los alimentos es una de las técnicas de preparación y conservación más antiguas de la historia.

Estos elementos mejoran la digestión, promueven la evacuación y equilibran los niveles inapropiados de cándida.

Todas las enfermedades, al fin y al cabo, empiezan con la digestión, por eso considero imperativo focalizarnos en la sanación y el fortalecimiento del sistema digestivo antes de empezar cualquier tratamiento para mejorar la salud.

Los alimentos fermentados son muy fáciles de digerir pues ya están predigeridos; los azúcares y carbohidratos se convierten en ácido láctico y la fibra de los vegetales se ablanda.

Sistema inmunológico

Una buena microflora construirá un sistema inmunológico fuerte capaz de producir sustancias antibióticas y anticancerígenas. Las bacterias intestinales son nuestra primera línea de defensa, son los soldaditos en las trincheras.

Estado emocional

Una flora intestinal desequilibrada puede provocar síntomas como depresión, ansiedad, autismo y TDA. Hay una fuerte correlación entre un buen estado de salud intestinal y un estado emocional equilibrado.

Hay toda una red de neuronas que cubren las paredes internas de nuestros intestinos, llenas de importantes neurotransmisores, llamados por los científicos «segundo cerebro». Al contrario de lo que se cree, el 95 % de la serotonina (hormona de la felicidad) se produce en las paredes del intestino y no en el cerebro.

Por cada célula que tenemos en el cuerpo, tenemos diez bacterias habitando en nuestro sistema digestivo. Conclusión: somos bacterias andantes, y su estado de salud marca nuestro estado de humor.

¿Cómo incluir alimentos probióticos en mi día a día?

Estas son solo algunas ideas para que sepas dónde incorporar estos alimentos. No es necesario que incluyas probióticos en cada una de tus comidas, porque con una ración al día ya estarás ayudando a tu sistema digestivo.

- Puedes tomar kéfir de agua de coco por la mañana o un yogur de soja o almendra orgánico para desayunar.

- Para almorzar, puedes poner en tu ensalada unos taquitos de *tempeh*, o saltear *tempeh* con setas y verduras (hongos), o agregar un poco de *kimchi* o chucrut como guarnición en tu plato.

- A media tarde, como refresco, puedes tomar un vasito de *kombucha*.

- Para cenar, puedes prepararte una sopa de miso o agregar una cucharada de chucrut como *topping* a tu crema de verduras.

ALGAS Y SETAS

Algas

¿Algas? Sí, ya sé. Solo con el nombre algunos ya se tiran para atrás... pero estos vegetales marinos son una gran fuente de nutrición que no debemos ni podemos pasar por alto.

Las algas son un gran recurso para incrementar el aporte de vitaminas, minerales y antioxidantes a nuestra alimentación, y se ha comprobado su implicación en el buen estado de salud de la tiroides por ser una gran fuente de yodo y tirosina, y en la regularidad del sistema digestivo por su alto contenido en fibra y efecto prebiótico.

Algunos usos creativos para que nos sea más fácil incluirlas en nuestra cocina son hacer burritos con alga nori, rellenos o bien de tu ensalada bien aliñada o de ese arroz con verduras. ¿Por qué no? Es una forma original de comer con las manos e incrementar el valor nutricional de tu plato.

También podemos encontrarlas en copos, como la alga dulse, que podemos agregar como *topping* a nuestras cremas de verduras o ensaladas. O las algas *kombu* o *wakame*, cuyas hojas suelen ser de tamaño y anchura considerable, que podemos rehidratar y poner dentro de la olla cuando cocinamos legumbres o cereales y comerlas como si fueran una verdura más del puchero. Además, nos ayudarán a reducir los gases en las digestiones y a hacer que los granos sean más fáciles de digerir.

Las microalgas espirulina y *chlorella* suelen tomarse en cápsulas o bien en polvo, agregado a los batidos.

Setas/Hongos

Las setas son otro grupo de alimentos muy limitado a temporadas o bien considerado exquisitez y de precio desorbitante. Desde hace siglos, las antiguas culturas usaban las setas como medicina. Son una gran fuente de vitaminas del grupo B, fibra, proteína, y minerales como hierro, potasio, cobre, selenio y zinc. Incluso son la única fuente que podemos encontrar de vitamina D de procedencia NO animal cuando estos han sido expuestos a los rayos UVA.

Hay un sinfín de variedades de setas por todo el planeta. Actualmente, muchas de las variedades que más se comercializan son de origen asiático, como el *reishi*, el *shitake* y el *maitake*, a los que se otorgan propiedades antiinflamatorias, antioxidantes, fortalecedoras del sistema inmune y anticancerígenas por su gran actividad inhibidora del ácido linoleico conjugado (CLA), causante de la sobreproducción de estrógenos, factor que se da en cánceres de mama y ovarios.

En el ámbito más autóctono y común tenemos los champiñones, *cremini*, *porcini*, *oyster* y Portobello. Obviamente, cada país y región tendrá sus variedades autóctonas y sus propias nomenclaturas.

En la cocina juegan un papel interesante como sustituto de las carnes, ya que su textura esponjosa puede hacerse pasar por una hamburguesa de ternera una vez marinados y bien asados.

Son muy agradables al paladar cuando comemos un cocido de legumbres o salteados junto con verduras y un poquito de ajo y perejil. Lo mejor de todo es que retienen la mayoría de sus propiedades a pesar de ser cocinados.

Guárdalos dentro de una bolsa de papel en el refrigerador hasta el momento de cocinarlos. Límpialos solo mojando su cabeza, nunca por debajo, y usa una servilleta de papel o un cepillo de vegetales sin frotar demasiado fuerte para quitarles la arena o los restos de suciedad.

Hay personas que puede que sean alérgicas o sensibles a las setas. Algunas creen que contribuyen al sobrecrecimiento de levaduras u hongos a nivel digestivo y vaginal. Si sospechas que eres sensible a ellos, prueba a eliminarlos y al cabo de unas semanas vuelve a reintroducirlos y observa los cambios y reacciones en tu cuerpo.

Otra nota es que las setas contienen purinas, así que si sufres de piedras en el riñón mejor será que las evites.

HIERBAS Y ESPECIAS

Las hierbas y especias no solamente nos permiten darle un *twist* a nuestros platos potenciándoles el sabor y aroma, sino que agregan auténticas propiedades medicinales a nuestras preparaciones culinarias.

Cuando se consumen en su estado seco, su capacidad antioxidante se multiplica exponencialmente, pues sus componentes quedan muy concentrados por la ausencia de agua. Con una pizca que agreguemos a la comida tendremos una buena dosis de antioxidantes.

Algunas especias más comunes son:

- Pimienta: tiene un efecto termogénico, es antiséptica y alivia el estreñimiento.
- Jengibre: combate las náuseas y vómitos, despeja la mente y nos da energía.
- Cúrcuma: es antiinflamatoria y altamente antioxidante. Alivia los dolores articulares y musculares.
- Azafrán: tiene propiedades afrodisíacas y mejora las digestiones.
- Canela: contribuye a la regulación de la glucosa/azúcar en sangre y reduce los gases estomacales.

Algunas hierbas más comunes son:

- Orégano: es muy antioxidante y antiséptico. Hacer gárgaras de su aceite esencial nos ayuda a aliviar infecciones de garganta.
- Perejil: es rico en vitamina C y una gran fuente de calcio. Muy diurético.
- Laurel: mejora la digestibilidad de los granos, elimina gases y mejora las digestiones en general.
- Albahaca: precursora de la serotonina (neurotransmisor/hormona llamada de la felicidad, con propiedades calmantes).
- Tomillo: tiene propiedades antiinflamatorias en caso de dolor de garganta o sinusitis.

Uno de mis regalos favoritos, tanto para dar como para recibir, es una planta aromática o varios tiestos con diferentes aromas.

ACEITES VEGETALES, EDULCORANTES Y ALCOHOL

Aceites vegetales

Mi opinión acerca de los aceites vegetales es que no son un alimento entero, sino que son una extracción concentrada de un fruto o semilla altamente ricos en grasas.

Las grasas son indispensables para un buen estado de salud, pero si puedo elegir, prefiero consumirlas en su estado entero, como las aceitunas, los aguacates, los frutos secos y las semillas, que aparte de aportarnos ácidos grasos esenciales, vienen acompañados de fibra, agua y otros micronutrientes como vitaminas y minerales.

Debemos comer grasa cada día, pero con el uso de aceites vegetales fácilmente podemos excedernos en su consumo. Piensa en la cantidad de aceitunas enteras que necesitas para llenar una cuchara sopera. Ahora piensa cuántas aceitunas se necesitan para llenar una cuchara sopera de aceite de oliva.

Para ideas de aliños sin aceites, encontrarás muchas en el apartado de recetas de este libro. Además, en mi blog amplío mucho más la información con artículos sobre el uso o no de los aceites vegetales.

Edulcorantes

Lo mismo sucede con los edulcorantes. Se trata de ingredientes concentrados y de alguna manera refinados. No se trata del fruto entero con su fibra total o agua, sino de un concentrado de azúcar más o menos refinado.

La mejor opción será aprender a apreciar nuestras bebidas, leches, tés e infusiones sin agregar ningún tipo de edulcorante. En caso de necesitar alguno, evitaremos totalmente los edulcorantes artificiales como el aspartamo o la sacarina y buscaremos opciones más naturales como el azúcar de dátil, el azúcar de coco, las melazas, el sirope de arce o el de agave sin refinar. Una opción muy saludable que no nos aportará azúcares pero sí buenas propiedades medicinales será la estevia (siempre que no sea altamente procesada) o usar una pizca de canela.

Mi opción número uno cuando preparo postres es usar fruta seca, como dátiles o higos secos. Si necesito algo más líquido, opto por el sirope de arce sin refinar.

Edulcorantes naturales

Agave. Hecho del cactus de agave, generalmente se obtiene de su pulpa altamente procesada. Cuanto más oscuro sea menos procesado estará. Es 1,5 veces más dulce que el azúcar y es muy alto en fructosa (56-92 %), lo cual lo convierte en inapropiado para según qué condiciones de salud (diabetes, sobrepeso...).

Azúcar o néctar de coco. Extraído de la savia de la flor de coco, el néctar de coco es un edulcorante crudo y con índice glucémico bajo que contiene vitaminas, minerales, fibra y aminoácidos. Tiene un sabor y una forma cristalina similar al azúcar moreno.

Dátiles. Los dátiles son también un edulcorante natural que no requiere refinación y que contiene fibra, vitaminas y minerales. Su textura pegajosa nos sirve como de «cola», especialmente en recetas de postres.

Miel cruda. Elaborada por las abejas del néctar de las flores. No es una opción vegana. La miel es antibacteriana, antifungicida, un antibiótico natural y ha sido utilizada durante miles de años como alimento sanador. Está repleta de enzimas y está científicamente probado que reduce los síntomas de las alergias.

Lúcuma. Es una fruta de Sudamérica con un sabor parecido al mango y al boniato. A veces se la categoriza como superalimento. Normalmente, se comercializa en forma de polvo; su índice glucémico es bajo por su contenido en fibra y es rica en minerales.

Jarabe de arce. Extraído de la savia del árbol de arce. Es una opción vegana pero no cruda. Su sabor combina muy bien con el chocolate. Es una buena fuente de minerales como el manganeso y el zinc.

Melaza. Jarabe espeso y oscuro que queda como residuo en la elaboración del azúcar de fuentes como la remolacha o la caña de azúcar. Es rica en vitaminas como la B6 y en minerales como el hierro, el potasio, el calcio y el magnesio.

Jarabe de arroz integral. Resulta de cocinar durante mucho rato el arroz junto con enzimas para llegar a obtener un jarabe. Tiene una consistencia similar a la miel pero no es tan dulce.

Estevia. Es una hierba de la familia de los girasoles originaria del sur y centro de América y que se utiliza en Japón desde hace muchos años como edulcorante acalórico. Es 300 veces más dulce que el azúcar (1 cucharada de té es igual que 1 taza de azúcar blanco) y no tiene calorías. Su índice glucémico es 0, así que es ideal para diabéticos y en casos de candidiasis.

Alcohol

El consumo de alcohol debería ser muy limitado, aunque sería poco realista decir que nunca jamás vamos a tomar una copa, ni para un brindis. La cuestión es que si lo hacemos, elijamos con cabeza...

Algunas bebidas como el vino nos aportan algunos componentes beneficiosos para la salud, como son los flavonoides y otros antioxidantes (ninguno en especial que no podamos encontrar en frutas enteras). Es mejor elegir un vino que no contenga sulfitos. Aunque se trata de una bebida fermentada y contiene azúcares, no es tan dura con nuestro hígado como lo son los licores más fuertes.

Las peores opciones serán las bebidas alcohólicas más elaboradas, como la cerveza, el ron o el tequila, las cuales tienen muchísima cantidad de azúcar y provocan hinchazón en el estómago. Si realmente quieres un combinado, quédate con el vodka. Y en el caso de las cervezas, mejor elije las oscuras, ya que al menos tendrán más minerales comparándolas con las rubias, que han sido más refinadas, y sus azúcares se absorben más lentamente, cosa que evitará picos de glucosa en sangre tan bruscos.

SUPLEMENTACIÓN

¿Es realmente necesaria la suplementación?

La forma más natural en la que nuestro cuerpo absorbe los nutrientes que necesita es a través de los alimentos que ingerimos. Los nutrientes en un mismo alimento forman sinergias que permiten que estos sean mejor absorbidos por las paredes de nuestro sistema digestivo.

Por ejemplo, la capacidad del organismo de absorción del hierro aumentará en presencia de vitamina C, así que siempre será mejor tomar el alimento entero, como por ejemplo las espinacas, que un simple micronutriente aislado en una cápsula.

Sin embargo, el estrés, algunos hábitos no demasiado saludables, la degradada calidad del suelo donde se cosechan nuestros vegetales o, en ocasiones, el estilo de alimentación que llevamos, hacen que la suplementación, aunque no se padezca ninguna condición médica, sea cada vez más esencial para mantener un buen estado de salud y prevenir futuras enfermedades.

Te recomiendo que periódicamente te hagas un análisis de sangre para comprobar que todos los parámetros están correctos y asegurarte de que estás cubriendo todas tus necesidades. Y mi consejo es que te pongas en manos de un especialista para que determine tus necesidades particulares y te ayude a pautar la toma de cada uno de tus suplementos.

A continuación, tienes una lista de los suplementos que creo más importantes considerar:

Vitamina B12 – sistema nervioso

Es suplementación crucial para todos los que siguen una alimentación vegana y vegetariana. Además, recientes estudios como el realizado en 2016 por el Dr. Patrik J. Stover, de la División de Ciencias Nutricionales de la Universidad Cornell de Nueva York, *Vitamin B12 and Older Adults*, muestran que las personas mayores de zincuenta años pueden verse beneficiadas por el consumo de esta vitamina en suplementación, sea cual sea su tipo de alimentación, ya que a partir de esta edad los niveles de absorción de este y otros nutrientes disminuyen considerablemente.

Esta vitamina está producida por organismos (bacterias y arqueas, que tienen las enzimas necesarias para su síntesis) que viven en el suelo, el agua o en la superficie de los vegetales. Los animales la consumen a través del agua y el pasto y los humanos la obtienen del consumo de productos de origen animal. Solo una cantidad muy diminuta se produce en los intestinos de animales, debido a la simbiosis que se crea entre la flora intestinal. Esta vitamina se produce en el primer tramo del colon, y sorprendentemente se absorbe en el último tramo del intestino delgado, es decir, dentro del cuerpo humano se encuentra antes el tramo que absorbe que el que la produce. Realmente estamos preparados para recibir esta vitamina desde fuera y no contar con nuestra propia producción.

Con las altas normas de higiene y el lavado de los productos vegetales, estos no presentan B12 cuando los consumimos.

La vitamina B12 es esencial para el buen funcionamiento del sistema nervioso, y su deficiencia puede causar daños irreversibles. La recomendación diaria es de 2,4 mcg. La forma más común de suplementación es la cobalamina (además de ser la más económica) y existen diferentes formatos de suministro que, de mayor a menor grado de efectividad, son: inyecciones subcutáneas, espray nasal, formato líquido y perlas sublinguales.

Vitamina D3 – salud ósea y sistema inmunológico

Una exposición adecuada al sol durante unos veinte minutos diarios es lo recomendado para obtener los niveles necesarios de vitamina D. Sin embargo, por ridículo que parezca, muchos de nosotros no tenemos la oportunidad de hacerlo diariamente, y menos en estaciones del año en que los días son muy cortos. Esta vitamina en realidad es una hormona que el propio cuerpo es capaz de producir cuando los rayos del sol, junto con el oxígeno, entran en contacto con nuestra dermis, la piel.

La vitamina D es crucial para un buen estado del sistema inmunológico y la prevención de inflamaciones, tiene propiedades antimicrobianas y favorece la absorción del calcio. Su déficit también está relacionado con bajos estados anímicos y de depresión. En muchos casos la suplementación con la forma bioactiva de vitamina D3 es necesaria, y su recomendación diaria es de 1.000-2.000 UI al día.

Cada vez este déficit es más frecuente en la población de países del Mediterráneo y/o en niños de corta edad. Es necesario saber que otros factores, como una mala alimentación (ya desde el vientre de la madre) o estar en constante estrés, pueden alterar el proceso de fabricación de esta hormona.

Omega-3 – cerebro y salud cardiovascular

Este ácido graso esencial tiene propiedades antiinflamatorias y capacidad de disminuir los niveles de colesterol «malo» (LDL). Externamente, cuando tenemos unos correctos niveles de este ácido en el cuerpo se aprecia una piel más hidratada, un pelo más sano y brillante y unas uñas fuertes.

El elevado contenido de omega-6 en nuestra dieta, procedente mayoritariamente de aceites vegetales, hace necesaria una suplementación de omega-3 para equilibrar su ratio (otro método aún más natural es mirar con lupa y ser muy conscientes de consumir a diario buenas cantidades de omega-3 para contrarrestar). La ratio adecuada entre omega-6 y omega-3 es entre 4:1-1:1, y en una alimentación estándar de media la ratio observada es de 20:1.

La calidad en este caso es lo más importante, pues la fuente principal de omega-3 será el aceite de pescado. Querremos buscar un suplemento que nos asegure la mínima contaminación por mercurio y BPC posible, aunque suponga un precio más elevado. Siempre es mejor que sea de pescado pequeño como las sardinas y no de salmón o atún, los cuales tienen más riesgo de carga de metales pesados. Los veganos pueden optar por el procedente de algas o el aceite de linaza, aunque debido a su estructura molecular su grado de absorción será menor. En este caso, una suplementación o alimentación rica en zinc y vitamina B te ayudará a absorberlo mejor.

La mejor opción siempre será eliminar o reducir al mínimo los aceites vegetales y aumentar el consumo de alimentos enteros ricos en omega-3 para equilibrar una buena ratio y garantizar una buena dosis.

Probióticos – sistema digestivo y sistema inmunológico

Una alimentación no demasiado limpia durante años, la toma de antibióticos y el estrés son algunos de los factores que provocan que nuestra flora intestinal esté dañada y despoblada de microbacterias beneficiosas para la salud. El mal estado de la flora bacteriana es una de las causas principales de colon irritable, malabsorción de nutrientes, alergias, infecciones y enfermedades autoinmunes. Una suplementación de probióticos de calidad nos ayudará a reforzar nuestro sistema inmunológico, a mejorar nuestro tránsito intestinal y a aprovechar mejor los nutrientes, lo que repercutirá exteriormente en una piel más limpia y radiante.

La mejor manera de obtener tus probióticos será consumiendo alimentos fermenta-dos. Si no es el caso, puedes ayudarte con una suplementación que te ofrezca entre 5.000 y 20.000 millones de UFC (unidades formadoras de colonias), y que contenga como mínimo estas dos clases de bacterias: lactobacilos y bifidobacterium.

Tomar probióticos en mayores cantidades de las necesarias podría generar sudora-ciones nocturnas e inclusive un poco de fiebre, pues el organismo eleva su tempera-tura para matar aquellas bacterias que le sobran. Así que si no es bajo recomendación médica, no aconsejo tomar más de 30.000 millones de UFC.

Enzimas, buenas digestiones y más energía

Hemos aprendido que las enzimas están presentes en cada una de las reacciones quí-micas necesarias para la vida. Sabemos que son esenciales para la buena digestión de los alimentos y que juegan un papel extremadamente importante en la reparación y regeneración de los tejidos. En definitiva, nos ayudan a estar sanos por dentro y a irra-diar belleza por fuera.

Nuestro cuerpo obtiene enzimas a través de:

1. La propia elaboración cuando tiene todos los nutrientes necesarios.

2. Los alimentos que ingerimos (solo se encuentran en los alimentos crudos, así que es importante que estos siempre estén presentes en nuestras comidas).

3. Las bacterias de nuestro intestino (en buen estado de salud, son capaces de pro-ducir enzimas que estimulan la producción de enzimas digestivas).

Mi recomendación es tomar enzimas vegetales en caso de padecer colon irritable o digestiones pesadas de forma habitual. A pesar de no padecer ninguna de estas condi-ciones, siempre será de ayuda tomar enzimas digestivas antes de las comidas que ya sabemos de antemano que serán muy copiosas, altamente cocinadas o con escasos vegetales crudos. Esto no solamente nos ayudará en el proceso de digestión de la co-mida, sino que además ahorrará la energía a nuestro cuerpo para la producción de en-zimas digestivas.

La forma más natural en la que nuestro cuerpo absorbe los nutrientes que necesita es a través de los alimentos que ingerimos. **Sin embargo, el estilo de vida y de alimentación que llevamos hacen que la suplementación sea cada vez más esencial para mantener un buen estado de salud y prevenir futuras enfermedades.**

COMBINACIÓN DE LOS ALIMENTOS Y ESTRUCTURACIÓN DE LAS COMIDAS

«Lo primero que debes saber sobre mí es que no soy tú. Muchas cosas cambiarán después de esto».

– ANÓNIMO

Compararnos nos roba tanto tiempo… El día que dejamos de querer, hacer y pensar como lo hacen los demás, porque creemos que es mejor, entonces vivimos en paz. Dicen que la hierba siempre se ve más verde al otro lado de la verja. Y la realidad es que la hierba es más verde donde se la riega y cuida adecuadamente. Compararnos es un síntoma de inferioridad.

Lo que para ti puede ser una panacea, para mí puede ser veneno. Bioindividualidad. Cada uno tiene unas capacidades y necesidades. Dejar fluir al auténtico yo con sus perfectas imperfecciones es lo que te hará auténtico, y te permitirá brillar y vivir aprovechando al máximo tus posibilidades.

PAUTAS PARA COMBINAR CORRECTAMENTE LOS ALIMENTOS

A continuación, te presento las nueve premisas que es necesario tener en cuenta para una correcta combinación de los alimentos:

1. Solo comer cuando sientas hambre

El cuerpo es muy listo y está preparado para indicarnos qué debemos hacer en cada situación orgánica (defecar, orinar, comer...). Cuando necesita alimento, nos avisa con la sensación de hambre y es entonces cuando le debemos aportar nutrientes. Si no nos los pide es porque aún está procesando y asimilando los alimentos de la última comida. Comer cuando no se tiene hambre congestiona el sistema digestivo y el proceso natural de depuración del cuerpo se ve alterado.

2. Comer un solo alimento concentrado a la vez

Los alimentos concentrados son los que no contienen prácticamente agua, como los almidones (cereales, vegetales con almidón) y las proteínas (carnes rojas, carnes blancas, pescado, huevo, frutos secos y semillas). Algunos ejemplos serían unas nueces, unas galletas saladas sin gluten, un muslo de pollo, unos espaguetis o un helado.

Los alimentos no concentrados son los que contienen un porcentaje elevado de agua, como la fruta madura y los vegetales sin almidón. Para facilitar la digestión y ahorrar energía, es muy recomendable incluir un solo tipo de alimento concentrado en el plato. Cuanto más sencillo sea un plato mejor será la digestión. «En la simplicidad están la salud y la belleza».

3. No mezclar alimentos ricos en proteínas con alimentos ricos en almidones

Aquí es donde nos llevaba la premisa número 2... Y aquí es cuando se rompen todos nuestros esquemas. Os preguntaréis: ¿qué pasa con el pollo al horno con patatas, los canelones, los espaguetis a la boloñesa, las tostadas integrales con queso y pavo, el *sushi* de atún, el salmón a la plancha con arroz salvaje? ¿Y la paella? ¿Lo he estado haciendo mal durante años y años?...

Pues siento deciros que, según la correcta combinación de los alimentos... sí. La clave es saberlo, conocer los porqués y realizar los cambios a partir de ahora para experimentar sus beneficios. Esto no quiere decir que nunca más podamos volver a comer nuestras combinaciones preferidas, pero sí que es preferible hacerlo con moderación.

Para entender mejor este tercer punto, debemos mirar cómo se digieren estos dos tipos de alimentos. Las proteínas necesitan un ambiente ácido en el estómago, formado por ácido clorhídrico y las enzimas llamadas pepsinas. Por otro lado, los almidones se digieren con la presencia de diferentes tipos de enzimas llamadas amilasas, que actúan eficazmente solo en medios alcalinos. Si tomamos estos dos alimentos al mismo tiempo, los jugos ácidos y los jugos alcalinos liberados se neutralizarán entre ellos y eso hará que el cuerpo deba invertir más horas y mucha energía en digerirlos de manera que nos sentiremos más cansados.

Además, cuanto más rato pasan estos alimentos dentro del estómago a altas temperaturas (37 °C), más probabilidad hay de que se produzcan residuos tóxicos. El cuerpo no podrá absorber ni aprovechar del todo los nutrientes del alimento y nosotros nos sentiremos con la barriga hinchada y tendremos gases.

Para ponernos en situación… ¿cuántas veces, incluso tras ingerir mucha «energía» (calorías), nos sentimos con falta de ella? ¿Quién es el valiente que tras una comida de trabajo o familiar en Navidades sale a correr una maratón? En ese momento, para lo único que servimos es para echarnos una siesta o quedarnos tirados en el sofá mirando una película. ¿Quién es capaz de ponerse frente al ordenador a trabajar sin experimentar esas cabezaditas de sueño?

La correcta combinación de los alimentos nos puede ayudar mucho en estas ocasiones. Y recuerda que si no vas a combinar bien los alimentos, mejor que sea en tu cena, por la noche, cuando ya no tenemos tanto día por delante y no necesitamos estar tan activos. Pero, sobre todo, no te olvides de añadir algo verde que te ayude a compensar, que te aporte fibra y enzimas digestivas.

4. Los vegetales sin almidón se pueden mezclar con todo

Este grupo combina prácticamente con todo. Serán nuestro comodín. Serviremos el pescado al horno acompañado de unas verduritas y un poco de ensalada, o nos comeremos esa ensalada de pasta con verduras salteadas y tomatitos *cherry*.

Los vegetales deben estar presentes en todas nuestras comidas, ya que nos ayudarán a mantener la alcalinidad de nuestros platos.

5. Mezclar almidones diferentes es correcto

Aunque siempre es más fácil digerir un solo alimento concentrado a la vez, es correcto tomar dos tipos de almidones diferentes. La mejor opción es mezclar los almidones con vegetales sin almidón —hojas verdes, brócoli, espárragos… — pero, por ejemplo, a una ensalada de arroz también podríamos agregarle maíz.

6. Mezclar proteínas animales diferentes no es correcto

Las proteínas son el grupo más difícil de digerir por su compleja diversidad de cadenas de aminoácidos. Como el cuerpo necesita mucha energía y tiempo para digerirlas, no las mezclaremos y así evitaremos putrefacción. Así que nada de hacer platos «mar y montaña». ¿En qué se parecen una ternera y un camarón?

Sin embargo, podemos mezclar proteínas de origen vegetal diferentes en un mismo plato: frutos secos, semillas y algas, ya que tienen una estructura química más simple. En una misma ensalada podemos agregar, por ejemplo, pipas de calabaza, champiñones y almendras.

Las legumbres cuestan de digerir porque tienen tantas proteínas como carbohidratos en su composición nutricional; por lo tanto, la mejor recomendación es no mezclar diferentes tipos y siempre acompañarlas de vegetales sin almidón.

7. Mezclar grasas con proteínas siempre con moderación, y grasas con almidones sin tanta preocupación

Las grasas se pueden combinar con todos los grupos, excepto con las frutas.

Ahora bien, si nos fijamos en la composición de los alimentos que contienen proteína (carne, pescado, huevo, leche, semillas, nueces y legumbres), estos nos aportan también una generosa cantidad de grasas. Si de forma natural ya cuesta digerir la proteína, sobre todo de origen animal, mejor no mezclarla con más grasas.

Si hacemos una ensalada con muchos frutos secos y semillas y la aliñamos con aceite de oliva, podemos tener una digestión más pesada; es más prudente aliñarla con zumo de limón o vinagre de manzana.

Por otra parte, los granos y cereales integrales, como por ejemplo el arroz, no contienen nada de grasa, así que es correcto complementarlos con grasas saludables como los aguacates, las aceitunas o el aceite virgen (sin abusar).

8. La fruta debe comerse sola

La fruta es el alimento que se digiere más deprisa. En veinte o treinta minutos ya está fuera del estómago. Imagina que comes fruta de postre después de una comida llena de proteínas y almidones: los azúcares de la fruta quedarían retenidos a altas temperaturas mientras esperan a ser digeridos, pero acabarían fermentando y acidificando el resto de los alimentos.

Si quieres comer fruta antes de las comidas, lo debes hacer entre media hora y una hora antes de tomar nada más.

El único grupo de alimentos que combina bien con la fruta son los vegetales de hoja verde. Esta explosiva combinación es la base principal de los zumos y batidos verdes.

Podemos mezclar las frutas subácidas con las ácidas o con las dulces, pero nunca frutas dulces con ácidas.

Los melones deben comerse solos, ya que, de todas las frutas, esta es la que requiere menos tiempo de digestión. Combinar melones con otras frutas podría frenar el proceso.

Mezclar frutas con grasas puede propiciar la aparición de gases, así que mejor evitar estas combinaciones si somos propensos a ello. Vigila cuando mezcles los frutos secos con fruta o cuando tomes un batido verde que contenga aguacate y fruta.

Si en alguna ocasión debemos comer fruta de postre, las mejores opciones serán la piña y la papaya, debido a su elevado contenido en enzimas activas, bromelina y papaína respectivamente, que nos ayudan a digerir las proteínas.

9. Los líquidos fuera de las comidas

Hay que evitar tomar líquidos durante las comidas para no diluir los jugos gástricos ni las enzimas necesarias para hacer el proceso de la digestión. Podemos beber entre un cuarto y media hora antes y una hora después de comer. Tomar pequeños chupitos de té caliente (como el de jengibre) o de una bebida probiótica, como la *kombucha*, durante las comidas puede mejorar la digestión. Hay personas a quienes tomar *kombucha* mezclado con la comida les provoca hinchazón de barriga y gases. Tómalo con moderación la primera vez para observar cómo reacciona tu cuerpo.

Bebe agua durante el resto del día y, si puedes agregarle siempre unas gotitas de limón, esto te aportará una dosis de antioxidante (vitamina C) y alcalinidad.

Si te ha interesado el tema y quieres saber un poco más o todavía te queda alguna duda, hay otras informaciones sobre la combinación de alimentos que probablemente te gustará conocer:

- Cuanto más simples sean los platos, más fáciles serán de digerir. Y menos «errores» cometerás en la combinación de los alimentos.

- Los vegetales combinan con **todos** los alimentos. El secreto es incluirlos siempre en nuestros platos.

- La leche, las bebidas vegetales y los yogures no son alimentos concentrados (contienen mucha agua), por lo que sí se pueden mezclar con otros alimentos. Otro tema es si el consumo de leche de vaca es bueno para el cuerpo o no, aspecto que ya hemos abordado. El queso es grasa y proteína animal concentrada.

- Los vegetales ricos en almidones/carbohidratos como la patata o la calabaza son alimentos semiconcentrados, así que si se combinan con la proteína animal, por ejemplo una tortilla de patatas, no resultará una combinación tan pesada como un bistec con arroz. Es aconsejable no hacerlo siempre y tener en cuenta que la digestión será más pesada que si se mezcla proteína animal con vegetales sin almidón.

- Las legumbres, salvo la soja, tienen más contenido en carbohidratos que en proteínas. Aun así, al tener una cantidad elevada de proteínas se las categoriza como tales. Es por este motivo que, al ser un alimento que contiene estos dos macronutrientes en porcentajes elevados, su digestión se hace tan pesada. La mejor opción es consumirlas junto a verduras sin almidón.

- La fruta se puede mezclar con los vegetales, así que hacer una ensalada de melocotón, kiwi o frutos rojos es adecuado, siempre que no se agreguen carbohidratos como picatostes o proteína animal como atún.

- Los frutos secos son grasas saludables con un buen contenido en proteínas. Será mejor no consumir más de un puñado y combinarán mejor con los carbohidratos que con las proteínas animales, pero pueden combinarse con ambos. Las semillas, como las pipas, contienen más proteína que los frutos secos.

CONSEJOS

ALMIDONES

GRASAS

VEGETALES

FRUTA
ÁCIDA

PROTEÍNAS

FRUTAS

FRUTA
SUBÁCIDA

FRUTA
DULCE

EL AGUA SE TOMA FUERA
DE LAS COMIDAS.

LOS MELONES SE COMEN SOLOS
(NO SE MEZCLAN CON NADA).

RESUMEN:
COMBINACIÓN ADECUADA DE LOS ALIMENTOS

1. Nuestro cuerpo solo puede digerir adecuadamente un alimento concentrado a la vez.
2. Las proteínas y los carbohidratos no deben mezclarse.
3. Los vegetales son neutros.
4. Mezclar dos carbohidratos es correcto.
5. Mezclar dos tipos de proteína animal no es correcto, pero sí en el caso de la proteína vegetal (semillas, frutos secos, algas).
6. Las grasas pueden mezclarse con la proteína de forma moderada y es correcto comerlas con los carbohidratos.
7. La fruta debe comerse con el estómago vacío.

Para terminar

Cada vez hay más literatura referente a este tema y, aunque algunos estudios dicen que esta teoría no tiene base científica, los resultados y los beneficios los notan muchas personas que la practican, incluida yo misma y todos mis pacientes.

No te lleves las manos a la cabeza ni te sientas perdido; una vez que le encuentres el truco, la teoría no te parecerá nada restrictiva, sino sencilla, y te permitirá seguir comiendo variado. Te animo a ponerla en práctica, sin agobios, para ver si notas algún cambio positivo. No hay nada que perder y mucho que ganar.

Sin embargo, ten siempre presente el concepto de bioindividualidad: cada persona es diferente; lo que a mí me puede ir de perlas a ti puede provocarte indigestión, y a la inversa. Aquellas personas que tienen una salud de hierro, un sistema digestivo fuerte y nunca han tenido molestias de digestiones, gases ni hinchazones puede que no noten ninguna diferencia.

Por eso mismo, recordad que la propia experiencia es la mayor verdad.

ESTRUCTURACIÓN DE LAS COMIDAS

Seguro que has escuchado muchas veces la expresión «Desayuna como un rey, come como un príncipe y cena como un pobre». Hay aspectos de ella con los que estoy de acuerdo y otros que me gustaría cuestionar contigo…

Durante la noche, nuestro cuerpo está en proceso de asimilar toda la nutrición que hemos ingerido a lo largo del día y de usar los diferentes nutrientes como, por ejemplo, la proteína, para reparar tejidos.

También es por la noche, cuando dormimos, cuando más se activa el mecanismo natural de depuración del cuerpo, a través de los riñones, los pulmones, el hígado… Es por eso que muchas veces nos levantamos con un olor fuerte de sudoración, legañas, mal aliento o con la lengua cubierta de una pequeña película blanca. Todas estas sustancias que salen a la superficie son el resultado de varios procesos de depuración que se activan internamente. Seguro que también has escuchado el dicho de que «no dormir engorda». Pues algo tiene que ver con esto.

En mi primera visita a la India, tuve el privilegio inesperado de hacer una breve inmersión en la ayurveda, la medicina tradicional india. Aprendí sobre los diferentes «arquetipos» —en el caso del ayurveda, conocidos como *doshas*— que pueden predominar en una persona. Según las características de cada individuo, un tipo de comida u otro le sentará mejor a su cuerpo.

En mi consulta, siempre me fijo en las características y en los rasgos físicos y de comportamiento de mis pacientes para determinar más o menos su *dosha* dominante. Eso me da una pista de cómo enfocar adecuadamente su plan y su educación nutricional.

Según el ayurveda, estos son los tiempos biológicos de nuestro cuerpo:

TIEMPOS	DOSHA DOMINANTE	CARACTERÍSTICA	COMIDAS
6 a. m. - 10 a. m.	KAPHA (TIERRA Y AGUA)	PESADO Y LENTO	LIGERAS Y ESPECIADAS
10 a. m. - 2 p. m.	PITTA (FUEGO)	CALOR Y PRODUCTIVIDAD	MÁS COPIOSAS
2 p. m. - 6 p. m.	VATA (AIRE Y ÉTER)	CREATIVIDAD Y EXPANSIÓN	CALIENTES: SOPAS, CREMAS VEGETALES, TÉS E INFUSIONES
6 p. m. - 10 p. m.	KAPHA (TIERRA Y AGUA)	DESACELERACIÓN RELAJACIÓN	LIGERAS Y TEMPRANO
10 p. m. - 2 a. m.	PITTA (FUEGO)	LIMPIEZA INTERIOR	NO DEBERÍAMOS COMER
2 a. m. - 6 a. m.	VATA (AIRE)	RECEPCIÓN MEDITACIÓN	NO DEBERÍAMOS COMER

Teniendo esto en cuenta, desayunar como un rey, en el sentido de cantidad de comida, no es ciertamente lo más aconsejable, ya que cortaríamos el proceso de depuración natural del cuerpo para empezar a hacer la digestión. Así que los desayunos de cuchillo y tenedor los dejaremos para el *brunch* del fin de semana —expresión anglosajona que alude a la mezcla de *breakfast* y *lunch,* desayuno y almuerzo—, que se toma más tarde.

Incluso el típico desayuno de leche o yogur con cereales o las tostadas con queso fresco y pavo nos tomarán unas horas de digestión... Y, fíjate, estos desayunos tampoco estarían respetando la correcta combinación de los alimentos...

La mejor opción para desayunar será algo liviano, que nos ayude a hidratar el cuerpo y a seguir depurando. Esto nos lo darán alimentos y bebidas ricas en micronutrientes y no en calorías, como son las frutas cítricas y los zumos y batidos verdes. Desayunar abundante SÍ, pero en calidad y no en cantidad.

Puede que, al principio, te quedes con hambre. Esto es normal, porque posiblemente tu cuerpo está acostumbrado a desayunos más densos. Así me pasó a mí. Pero, como en todo, somos criaturas de hábitos, así que con el tiempo también lograremos reeducar a nuestro cuerpo.

Siguiendo nuestro reloj interno, concentraremos las comidas más copiosas entre las diez de la mañana y las dos de la tarde. Durante estas horas el sol está en su máximo esplendor, igual que nuestro fuego interno, localizado en nuestro estómago, preparado para recibir y digerir los alimentos. Aquí metemos un segundo desayuno y la comida.

A partir de media tarde—la hora exacta variará según la estacionalidad del año, la hora en la que el sol empiece a menguar—, el fuego interno se va apagando y esto nos indica que nuestras cenas deben ser tempranas y, preferiblemente, livianas. Las horas óptimas para cenar serían entre las 18 y las 20.30 h. Lo sé, lo sé... en los países latinos solemos cenar a horas intempestivas. ¿Cuántas veces habré cenado yo pasadas las diez de la noche durante mi adolescencia? Y confieso que sigue siendo uno de mis puntos débiles dentro de la filosofía COME LIMPIO.

Cenar temprano nos aportará muchos beneficios. Déjame que te cuente dos que estoy segura de que alguna vez tú mismo habrás experimentado:

- Dormir mejor: si nos acostamos con la digestión ya casi hecha, unas 2-3 horas después de cenar, nuestro cuerpo estará completamente relajado y listo para repararse y autosanarse. Si nos acostamos justo al terminar de comer, nuestra digestión estará activada y, de esas ocho horas de sueño, nuestro sistema digestivo pasará tres trabajando. Y eso lo vamos a notar en nuestros niveles de energía al despertar.

- Ayuno intermitente: mucho se está hablando de ello estos días. Consiste en dejar en reposo el sistema digestivo por unas buenas horas. De manual, son 16 horas en ayunas y la concentración de las comidas en el resto de las 8 horas; pero si dejas pasar por lo menos unas 12-14 seguro que ya notas una gran diferencia. De forma muy natural, sin que nos pese ni cueste tanto sacrificio, puedes realizarlo durante la noche. Entonces, se trataría de cenar a las 8 de la noche y desayunar a las 8-10 de la mañana. ¿Qué notas con ello? Te levantas con más energía y sin hinchazón, con el vientre plano.

¿CUÁNTAS VECES AL DÍA DEBEMOS COMER?

¿Tres? ¿Cinco? ¿Dos? ¿Cuando tenemos hambre? ¿Qué hacer? Es la gran pregunta...

La verdad es que no hay una norma general y que existen muchos argumentos a favor o en contra de cada opción. En realidad, deberíamos comer cuando tenemos hambre (real). Los animales no tienen horarios, comen cuando su cuerpo se lo pide. Del mismo modo que tenemos el instinto de ir al baño, porque nuestro cerebro recibe la señal, lo mismo pasa con el hambre, regulada por las hormonas leptina y ghrelina.

Cuando tenemos necesidad de comer, nuestro sistema hormonal segrega la hormona ghrelina, que lleva el mensaje «dame gasolina» y crea la necesidad de comer. Se segrega en la pared del estómago y llega hasta el hipotálamo, quien se encargará de mandar la señal «come».

La leptina es conocida como la hormona de la saciedad. Es la encargada de decir: «Hasta aquí, ya estás lleno. Deja de comer». El problema llega cuando somos insensibles a esta hormona, mayoritariamente por motivos de obesidad. Es el propio sobrepeso el que genera esta resistencia a la leptina, así como a la insulina.

Escuchamos que debemos comer cinco o más veces al día para incrementar el metabolismo, es decir, quemar más calorías. Sin embargo:

1. Esto nos puede hacer comer de más.
2. No dejamos que nuestro sistema digestivo esté en reposo en ningún momento. Cuando este no está haciendo la digestión está limpiándose (siempre está trabajando de un modo u otro...).

3. A la larga, incrementar el metabolismo acelera el proceso de envejecimiento de las células, ya que de la metabolización de la comida salen residuos tóxicos, es decir, radicales libres.

Una de las condiciones en las que sí está recomendado hacer varias comidas durante el día es en caso de diabetes, ya que, con la medicación, los niveles de azúcar en sangre siempre deben estar estables.

Comer solo tres veces al día: se concentra nuestra ingesta en tres tomas y entre ellas dejamos reposo para que el cuerpo descanse y pueda tener tiempo de depurarse a lo largo de la jornada. Deberemos distribuir la energía necesaria en las tomas para no pasar hambre. No tomar un tentempié de media mañana ni merienda es fácil si se desayuna tarde y se cena temprano.

Vamos a estructurar cada una de las comidas del día siguiendo las normas de la correcta combinación de los alimentos que hemos aprendido.

ORDEN DE INGESTIÓN DE LOS ALIMENTOS

El secreto de una buena combinación de los alimentos radica también en saber en qué orden comerlos. Es aconsejable tomar los alimentos más ligeros al principio y terminar la comida con aquellos que son más pesados.

Esto tiene que ver también con el tiempo que requiere de digestión cada uno de ellos. Fíjate en los siguientes datos:

TIEMPOS DE DIGESTIÓN DE LOS DIFERENTES GRUPOS DE ALIMENTOS

AGUA	10-15 MINUTOS
ZUMOS Y OTROS LÍQUIDOS	15-30 MINUTOS
FRUTA	30-60 MINUTOS
BROTES	1 HORA
VEGETALES (LA MAYORÍA)	1-2 HORAS
CEREALES Y LEGUMBRES	1-3 HORAS
ALIMENTOS VEGETALES GRASOS (AGUACATE, COCO, FRUTOS SECOS Y SEMILLAS)	2-3 HORAS
CARNE Y PESCADO	3-4 HORAS
MARISCO	8 HORAS

Para explicarlo mejor, compartiré una metáfora que aprendí de Kimberly Snyder, una nutricionista. «Imaginemos una carretera donde los vehículos no pueden adelantar y en la que los camiones están en primera posición. En ese caso, se produciría un atasco y los vehículos más rápidos llegarían tarde a su destino». Lo mismo sucede con los alimentos: si ingerimos los más pesados y que requieren más tiempo de digestión (proteínas, grasas y carbohidratos complejos) antes que los alimentos más ligeros (frutas y verduras), estos últimos quedarán retenidos en el estómago más tiempo de lo necesario. En muchas ocasiones, acabarán fermentando y provocarán gases e indigestión.

Entonces, siempre empezaremos las comidas con una fruta, en el caso del desayuno, y con ensalada o platos principalmente compuestos de verduras en el almuerzo y la cena.

Todas y cada una de nuestras comidas deberían comenzar con alimentos alcalinos, ya sea fruta, ensalada o vegetales (preferiblemente crudos, como bastoncitos de zanahoria o pepino). Esto nos asegurará el aporte de vitaminas, minerales y enzimas digestivas que nos alcalinizarán y a la vez nos ayudarán a digerir y a metabolizar mucho mejor los alimentos que comeremos después. Además, empezaremos con una buena dosis de fibra, lo que nos ayudará a sentirnos saciados más rápidamente, a no comer de más y a regular la absorción de los azúcares y prevenir picos de glucosa en sangre.

EN AYUNAS

Tomar un vaso de agua tibia o calentita con el zumo de un cuarto de limón exprimido.

Es muy importante empezar el día con una buena hidratación. Piensa que el cuerpo es un 65-70 % de agua, y que habremos pasado, como mínimo, entre 7-8 horas sin tomar nada de líquido. Así que repostarla y que sea agua de calidad será muy importante.

El agua no se tomará fría ni muy caliente. Primero porque, si al despertar, nos metemos debajo de una ducha de agua fría, sí, se abrirían los ojos de golpe, pero no es la forma más dulce de empezar el día; resulta un *shock* y así lo experimenta el cuerpo: nuestro sistema digestivo se puede contraer, y lo que queremos es el efecto contrario, que se relaje, fluya, se mueva y que antes de salir de casa ya estemos evacuando.

Tampoco la tomaremos hirviendo, porque nos dañaría y podría irritar las mucosas y paredes del sistema digestivo superior. Además, si llevamos el agua a ebullición y le agregamos el zumo de limón, perderemos la vitamina C, ya que se trata de una vitamina termolábil, muy sensible a las altas temperaturas.

BENEFICIOS DEL AGUA CON LIMÓN

1. AYUDA A LA DIGESTIÓN:

El zumo de limón nos ayuda a eliminar las partículas de grasa indeseadas del tracto digestivo y estimula el hígado para producir la bilis (ácido que se requiere para la digestión). Una digestión eficiente reduce la acidez estomacal y el estreñimiento.

2. EQUILIBRA EL PH DEL CUERPO:

Beber agua con limón todos los días promueve un pH del plasma alcalino de forma estable. No debemos confundir el sabor ácido del limón con el efecto que tiene en nuestro cuerpo una vez es metabolizado.

3. REFUERZA EL SISTEMA INMUNOLÓGICO:

Los limones son ricos en vitamina C, que es ideal para combatir los resfriados. Son ricos en potasio, que estimula la función del cerebro y de los nervios. El potasio también ayuda a controlar la presión sanguínea.

4. LIMPIA LA PIEL:

La vitamina C que contiene ayuda a reducir las arrugas y las manchas. El agua con limón elimina las toxinas de la sangre, por lo tanto, ayuda a mantener la piel limpia.

5. REFRESCA EL ALIENTO:

No solo esto, sino que puede ayudar a aliviar el dolor dental y la gingivitis. El ácido cítrico puede erosionar el esmalte dental, por lo que se aconseja hacer gárgaras de agua sola después de tomar el agua con limón o bien tomar el agua con pajita.

6. ES UN DIURÉTICO:

Los limones aumentan la velocidad de la micción (orinar) en el cuerpo y ayudan a purificarlo. Por lo tanto, las toxinas son liberadas más rápidamente del cuerpo y esto contribuye a mantener la salud del tracto urinario.

DESAYUNO

Estamos ante nuestra primera comida del día, tras el ayuno nocturno de más de ocho horas. Es durante ese período cuando el proceso de depuración natural del organismo está más activo.

Una vez pasados entre unos 10-20 minutos de la toma del agua con limón, y en función del hambre que tengamos, desayunaremos. Contrariamente a lo que siempre se ha dicho, uno debe desayunar cuando tiene hambre y no porque «toca». Si tu cuerpo no te pide alimento es porque aún está «limpiando» los residuos de la noche anterior. Cuando esté listo para recibir más alimentos te avisará activando el hambre. Escucha a tu cuerpo y come en función de lo que este te pida.

Empezaremos el desayuno con una de las siguientes opciones:

OPCIÓN 1

Batido verde: será una opción altamente hidratante y muy rica en micronutrientes, vitaminas, minerales, antioxidantes y enzimas que nos activarán a primera hora de la mañana. Además, su dosis de fibra nos ayudará a regular el tránsito intestinal y nos saciará por unas horas.

En mi libro *Batidos verdes*, encontrarás mucha información sobre sus beneficios, la diferencia entre estos y los zumos, las preguntas más comunes y muchas recetas depurativas, energéticas, proteicas y relajantes.

Mi receta básica consiste en: 1 plátano, 1 rama de apio, ⅓ de pepino, 2 ramitas de perejil, 1 trocito de cúrcuma, 1 trocito de jengibre y 350 ml de agua de coco.

OPCIÓN 2

Fruta (preferiblemente un cítrico). Los cítricos contienen mucha agua, nos aportan grandes cantidades de vitamina C —que nos ayudará a fortalecer el sistema inmunológico— y contienen menor cantidad de azúcares y almidones que otras frutas. Las frutas del bosque y las fresas, el kiwi y la papaya también son una opción.

OPCIÓN 3

Zumo verde: zumo de vegetales, en el que no pueden faltar las hojas verdes además de una pieza de fruta.

En mi primer libro, *Zumos verdes*, te cuento cómo estos me cambiaron la vida, al ser la pieza clave de mi transición a COME LIMPIO. En el libro encontrarás treinta recetas pensadas para diferentes condiciones de salud, pero este que te paso a continuación es mi básico y favorito, por su efecto depurativo y sus propiedades alcalinas.

Ingredientes: 1 manzana, 2 ramitas de apio, ½ pepino, 1 puñado de espinacas / lechuga / col (ir rotando los vegetales), 4 ramitas de perejil, ¼ de limón y 1 trocito pequeño de jengibre (del tamaño de la uña del dedo pulgar).

Dependiendo de tu apetito, puede que con un zumo verde generoso (más de 800 ml) te sientas satisfecho. Si te apetece comer algo más, pasados unos minutos (lo ideal son 20-30 minutos, para que se absorba bien todo el zumo sin interferencias de otras comidas) le seguirá una ración de carbohidratos complejos integrales + grasas saludables + leche vegetal / café / té / infusión. Algunos ejemplos son:

OPCIÓN A

Cereales de desayuno (copos de avena, arroz integral hinchado, copos de maíz, muesli u otras variedades sin azúcares añadidos) + leche vegetal / yogur vegetal + frutos secos + café / té / infusión.

OPCIÓN B

Tostadas integrales / tostadas sin gluten / galletas de arroz / galletas de maíz + tomate y aceite / aguacate con rodajas de lechuga y tomate / olivada / crema de cacahuete o almendras / tahina / mermelada casera sin azúcar refinado + un vaso de leche vegetal / café / té / infusión.

Si quieres perder peso...

Prepárate un zumo verde para desayunar y, si te apetece, come 1 o 2 porciones de los carbohidratos mencionados en la lista, sin añadirle la grasa saludable.

Acompáñalo de una taza de leche vegetal, té verde o infusión depurativa.

No vas a tomar leche de vaca ni derivados, ni tampoco cereales que contengan GLUTEN como trigo, centeno, cebada y espelta.

COMIDA / ALMUERZO

Siguiendo las reglas de combinación de los alimentos, prepararemos platos simples y prácticos para que también sean adecuados para llevarnos al trabajo si es necesario.

Como ya hemos hablado anteriormente, las proteínas y los carbohidratos requieren mucha energía para ser digeridos. Evitaremos consumir alimentos ricos en ellos de forma conjunta en una misma comida.

Entre las proteínas y los carbohidratos, estos últimos son la opción más fácil de digerir, así que los consumiremos principalmente al mediodía. Después de comer nos conviene sentirnos ligeros, despiertos y con energía para seguir trabajando en la oficina, si es el caso, y no quedarnos dormidos encima del teclado, o para realizar cualquier otra actividad sintiéndonos energéticos y no con ganas de echar una siesta.

¿Cómo diseñaremos nuestro plato?

**CARBOHIDRATOS + VEGETALES + FRUTOS SECOS (OPCIONAL) =
PLATO COMBINADO Y ÚNICO**

Opciones de carbohidratos: arroz integral, quinoa, mijo, amaranto, maíz, pasta integral, pasta sin gluten, pan integral, pan sin gluten, lentejas, garbanzos, alforfón, habas, judías secas, otras legumbres y vegetales con alto contenido de almidón (patata, boniato, remolacha, calabaza, zanahoria).

¿Legumbres en esta lista? Sí: recuerda que, a excepción de la soja, el resto tienen mayor cantidad de carbohidratos que de proteína.

Para facilitar la digestión, es preferible no mezclar distintos carbohidratos. La combinación de los vegetales con almidón (raíces y tubérculos) con otro carbohidrato es la más ligera en caso de querer mezclar.

"La forma en la que nos alimentamos debe darnos energía y no quitárnosla. **Aprender a combinar los alimentos apropiadamente es una herramienta de gran utilidad:** no solo nos permite asimilar mejor los nutrientes, sino también mejorar la digestión, sentirnos con energía y vitalidad después de las comidas y evitar esa sensación de pesadez y la necesidad de echarse una siesta."

Opciones de vegetales: todos los alimentos vegetales son buenas alternativas, y mejor aún si son de temporada. No hay ningún vegetal que no recomiende, con excepción de alguna condición médica de la persona que requiera una atención en particular.

Algunos platos de ejemplo son:

- Ensalada de arroz integral.
- Quinoa con verduritas salteadas.
- Ensalada de lentejas, col lombarda, espinacas y pimiento amarillo.
- Mijo con brócoli, setas y pipas de calabaza salteadas.
- Rodajas de berenjenas salteadas con aceite de coco y hummus de garbanzos con palitos de zanahoria y apio.

El secreto es variar los carbohidratos y tener en casa una buena reserva de estos (tienen una larguísima fecha de caducidad). Otra de sus ventajas es que también se pueden cocinar en grandes cantidades y guardarlos en la nevera de cuatro a seis días sin que se pasen o estropeen (lo que se llama *batch cooking*). De esta forma, agilizarás las preparaciones de tus comidas. Solo necesitarás agregarle verde y un poco de aliño o saltear unas verduritas y ¡listos!

Por otra parte, con las verduras, el secreto es la simplicidad y la mezcla de colores distintos; me refiero, por ejemplo, a no preparar ensaladas con mil y un ingredientes sino elegir solo tres o cuatro diferentes (espinacas, tomates *cherry*, zanahoria y rabanitos) para que la ensalada de mañana pueda ser totalmente distinta (lechuga, pimiento rojo, rabanitos, brotes de alfalfa) y no nos aburramos.

Si quieres perder peso...

Vamos a excluir todos los carbohidratos que contengan **gluten**. Vamos a vigilar las porciones de los carbohidratos. Prepararemos ensaladas de arroz y **NO** arroz con cuatro hojas de lechuga. La ratio vegetales / carbohidratos debe ser 2 / 1. Una vez cocido el carbohidrato, solo comeremos una taza o menos de arroz, quinoa, lentejas... (100-150 g). No hay cantidad máxima de verduras, sino al contrario, cuantas más mejor y más sensación de saciedad vamos a experimentar.

CENA

Las proteínas tendrán un mayor protagonismo en la cena. Requieren más energía que los carbohidratos para ser digeridas y, como, por lo general, ya no tendremos demasiada actividad que requiera nuestra atención hasta que nos acostemos, todo nuestro esfuerzo podrá concentrarse en el estómago.

Si en alguna comida podemos no seguir la correcta combinación de los alimentos es en la cena, ya que dejaremos un espacio de tiempo para que se digiera hasta la siguiente ingesta de comida, el desayuno.

¿Cómo diseñaremos nuestro plato?

**SOPA O CREMA VEGETAL (OPCIONAL, PERO ALTAMENTE RECOMENDABLE)
+ VEGETALES + PROTEÍNA + SEMILLAS Y/O FRUTOS SECOS (OPCIONAL) =
CREMA DE ENTRANTE + SEGUNDO PLATO**

Preparación de los vegetales: en ensalada, al horno, al vapor, hervidos, salteados, en cremas o en purés.

Opciones de proteína: carnes rojas (no tomar más de 1 vez a la semana), carnes blancas (pollo, pavo, conejo), pescado azul (salmón, atún, sardinas, caballa), pescado blanco, mariscos (gambas, calamar, sepia, mejillones), huevo (máximo, 5, pero es preferible no comer más de 2 a la vez), tofu y/o *tempeh* orgánicos (ambos derivados de la soja), setas.

Otras opciones: si comemos proteína de origen animal en la comida, para la cena prepararemos una opción vegetal, como puede ser un *tempeh* salteado con verduritas, un revuelto de setas, espárragos y cebolla o un hummus con palitos de verduras o acompañado con *crackers* de semillas.

Si quieres perder peso...

OPCIÓN 1

Que tu cena sea una ensalada grande y completa en la que agregues semillas (calabaza, girasol, sésamo, cáñamo), aceitunas o aguacate + aliño de vinagre o limón.

OPCIÓN 2

Una crema de verduras o una sopa de miso decorada con algunos *toppings* como alfalfa, copos de algas, semillas de chía, pipas y daditos de vegetales en *crudité*.

OPCIÓN 3

Verduras al horno, hervidas o al vapor.

A cualquiera de estas opciones podrás agregarle una porción de pescado blanco o también unas setas.

TENTEMPIÉS

Si sientes que necesitas comer algo fuera de las tres comidas principales, aquí van algunas sugerencias:

A media mañana: si no te has quedado satisfecho en el desayuno tan solo tomando un zumo o un batido verde, a media mañana puedes comer una de las opciones de carbohidratos complejos + grasas saludables + bebida que propongo en el mismo apartado del desayuno.

Si prefieres otras opciones o ya has ingerido un desayuno completo, ¿qué te parece…?

OPCIÓN 1: 1 puñado de frutos secos + té / infusión.

OPCIÓN 2: fruta fresca de temporada.

OPCIÓN 3: fruta fresca de temporada y, después, esperar 20 minutos y comer 1 puñado de frutos secos.

OPCIÓN 4: galletas de arroz o maíz o bien *crackers* de semillas.

OPCIÓN 5: fruta fresca de temporada, luego esperar 20 minutos y comer galletas de arroz o de maíz.

Merienda: en caso de sentir necesidad de comer alguna cosa, estas podrían ser algunas opciones:

OPCIÓN 1: (si se practica deporte o se quiere ganar peso): fruta dulce, esperar unos 20 minutos y luego comer 1 puñado de frutos secos.

OPCIÓN 2: (si se practica deporte o se quiere ganar peso): carbohidratos + grasas saludables del desayuno.

OPCIÓN 3: (si se practica deporte o se quiere ganar peso): batido verde energético.

OPCIÓN 4: pudín de chía (receta incluida en la página 235).

OPCIÓN 5: galleta de arroz o maíz, o *crackers* de semillas + infusión.

RESOPÓN

Si después de cenar te entra ese gusanito de dulce, aquí tienes algunas soluciones:

- Tómate un té relajante con un poco de canela (muy recomendable).
- Tómate un vaso de leche vegetal con un poco de canela.
- Regálate un cuadradito de chocolate negro (con más del 85 % de cacao).
- Algo dulce, superdulce, regálate un par de dátiles.
- Un helado de plátano con unos *nibs* de cacao.
- Una pieza de fruta.

La fruta por la noche no es recomendable. Son azúcares que no vamos a gastar y se acumularán en nuestro cuerpo en forma de reserva de grasa. Por eso es preferible comerla siempre durante la mañana y al mediodía, a menos que no se practique deporte o uno tenga una tarde ajetreada. Pero ante la opción de comerse un plátano o unas galletas de chocolate…, vamos a elegir comer limpio, algo natural. Opta por una fruta, la que quieras, pero no ataques el bote de crema de cacao, ni el paquete de galletas sin fondo, ni la bolsa de frutos secos. Es adictivo, no hay límite y congestionarás tu hígado y tu sistema en general antes de acostarte.

EXCEPCIONES

Como con todo en esta vida, siempre hay excepciones. No vamos a vivir toda la vida ceñidos a unos mismos platos ni costumbres. La vida pasa, tenemos compromisos, tenemos antojos a los que a veces hay que ceder, etc. ¡No pasa nada!

La clave es tener el conocimiento, saber qué es lo que te conviene y qué es lo que te hace bien, y que siempre que te salgas de ello sepas cómo regresar.

Lo que cuenta es la norma y no la excepción. Lo que haces por hábito, a lo que ya has acostumbrado tu cuerpo de forma rutinaria, es lo que importa y marcará una diferencia considerable en tu salud.

Comer es un placer que se involucra también en muchos actos sociales. Comer determinadas comidas o alimentos que no son del todo «limpios» en estas situaciones nos seguirá nutriendo, pero de otra manera. Quizás no será la mejor nutrición para nuestro cuerpo, pero sí para nuestra mente o corazón. Piensa en una cena familiar donde se prepara un postre tradicional. Uno quiere formar parte de esa celebración, de ese brindis y nutrirse de la alegría y el compartir del momento. A esto es a lo que me refiero en el pilar número 7, a los alimentos primarios. Así que dejemos siempre un espacio en nuestra alimentación para ellos.

Como habrás visto, en la estructuración de las comidas no excluyo los alimentos de origen animal, aunque yo en lo personal siga una alimentación exenta de ellos y promueva una alimentación muy rica y, preferiblemente, basada en alimentos de origen vegetal. La filosofía COME LIMPIO no se limita a este entendimiento, ya que ser vegano no es igual a comer saludablemente, y esto nos debe quedar muy claro. Desde el punto de vista de la salud, es preferible cenar un pescado al horno con verduras o una tortilla de calabacín con ensalada que un paquete de patatas chips y un vaso de leche de almendras con unas galletas Oreo…

LA CIENCIA DETRÁS DEL MÉTODO COME LIMPIO

«Tu verdad absoluta será la que puedas experimentar con tus propios sentidos».

– CARLA ZAPLANA

La ciencia es un acercamiento casi perfecto a la naturaleza. Gracias a ella hemos podido avanzar mucho como sociedad y hemos entendido, entre muchos aspectos, cómo funciona nuestro cuerpo, para qué sirve cada órgano y qué función tiene cada vitamina.

La ciencia es un acercamiento a la naturaleza; lo real, también, es que la naturaleza es un ser cambiante. Cada persona tiene un cuerpo diferente. Habrá muchas hipótesis divergentes sobre diferentes temas: «H va bien para tal condición», «B es bueno para curar este síntoma», pero siempre la mayor verdad para ti será la que puedas experimentar en tu cuerpo. Aprende a escucharlo.

ENFERMEDADES MÁS COMUNES

«No hay una forma más efectiva y natural de reducir el riesgo de padecer enfermedades que seguir una alimentación basada en alimentos de origen vegetal y enteros».

Como dice uno de mis profesores, el Dr. William Li, presidente de la Fundación de Angiogénesis en Boston, «durante el día tenemos mínimo tres oportunidades para darle quimio al cuerpo». Se refiere al hecho de que, con la ayuda de los alimentos que ingerimos, podemos apaciguar síntomas de enfermedades presentes o subyacentes en nuestro organismo.

Cierto es que todos los seres de este planeta llegaremos a nuestro último día, pero qué mejor que hacerlo con la máxima salud y felicidad posible hasta el final. ¿Por qué sufrir durante años y años si seguir un estilo de vida y una alimentación saludable puede alargar nuestra calidad de vida?

Según el CDC (*Center for Disease Control and Prevention*), en 2017 las diez causas principales de muerte dentro de Estados Unidos fueron las cardiopatías, el cáncer, los accidentes inintencionados, las enfermedades respiratorias, las embolias, el alzhéimer, la diabetes, las gripes y neumonías, los problemas renales y los suicidios.

¿Cuáles de ellos crees que pueden estar relacionados con la alimentación y los hábitos saludables? A simple vista, podríamos decir que todos a excepción de accidentes y suicidios, pero ¿y si pensamos que parte de los accidentes pueden ser el resultado de ir cansados o de no tener un sueño reparador? ¿Y qué tal si recordamos que nuestra salud mental puede verse muy afectada por el estado de salud de nuestra flora intestinal y la producción de serotonina?

Cada vez aparecen más estudios que apoyan los beneficios de seguir una alimentación basada en alimentos vegetales como un método efectivo para aliviar síntomas de enfermedades degenerativas e incluso de retrasar o prevenir su aparición. A su vez, también hay muchos otros estudios que relacionan el consumo de carnes rojas, carnes blancas, huevo y lácteos con la incidencia de numerosos problemas de salud; algunos son graves, como los mencionados más arriba, y otros de menor importancia, como el estreñimiento, la gota, el cúmulo de grasa abdominal, la aparición de acné, las alergias, el asma, el olor corporal, la celulitis, los eczemas, el síndrome metabólico, las piedras en el riñón, la diverticulitis, la osteoporosis o las hemorroides.

Para entender la salud

Para hablar de todos estos estudios sería necesario otro libro como este, como mínimo, así que mencionaré solo algunas referencias y libros que a mí me han ayudado mucho a entender la salud de una forma más holística y enfocada a esta tendencia a lo vegetal y natural. Solo quiero añadir una nota aquí, y es que, si eres consumidor de carne, ¡no te asustes! Incorporando más vegetales a tu alimentación verás también mejoras en tu salud y podrás beneficiarte de buena parte de los síntomas positivos mencionados a lo largo de este libro.

CÁNCER: para mí, el libro *El estudio de China*, liderado por el Dr. T. Campbell, profesor de la División de Ciencias de la Nutrición en la Universidad de Cornell (Nueva York), fue muy revelador. En él se puede ver la clara relación existente entre el consumo de carnes rojas y lácteos y los altos niveles de incidencia de cáncer. Demuestra que una alimentación basada en plantas también puede aportar las proteínas y el calcio necesarios. Otro libro que trata estos temas, pero con un enfoque más práctico, llamando a la acción y con recomendaciones dietéticas, es *The Gerson Therapy*, de Charlotte Gerson.

CARDIOPATÍAS: otros de mis grandes referentes son el Dr. Dean Ornish, el Dr. Caldwell Esselstyn y el Dr. Michael Klaper, entre otros doctores pioneros en este campo. Sus estudios han demostrado la correlación entre enfermedades cardiovasculares y el tipo de dieta. Sufrir de hipertensión, tener el colesterol elevado y/o fumar son grandes factores de riesgo para padecer cardiopatías.

DIABETES: el Dr. Michelle Greger, y todos los estudios que comparte a través de su fundación NutritionFacts.org, son otro gran referente para mí. Gracias a él, descubrí que la diabetes no se debe a un exceso en el consumo de carbohidratos y azúcares naturales, sino en el consumo de proteínas animales y grasas saturadas, que inhiben la correcta utilización y almacenaje de la glucosa (azúcar) en sangre. Sobre este tema tan interesante hablo en varios artículos de mi web.

Para hacerlo más ameno y tener un resumen de todas estas referencias, puedo recomendarte varios documentales (algunos ya mencionados a lo largo de este libro) que personalmente me han ayudado y sirven de gran apoyo para mostrar a familiares, amigos y asesorados, de una forma muy ilustrada, los beneficios de una alimentación basada en alimentos vegetales:

- *Forks over Knives* (de Lee Fulkerson)
- *What the Health* (de Kip Andersen)
- *Food Choices* (de Michal Siewierski)
- *Food Matters* (de Carlo Ledesma)
- *Fat, Sick and Nearly Dead* (de Joe Cross)
- *Simply Raw* (de Aiyana Elliott)
- *May I Be Frank* (de Gregg Marks)
- *Super Size Me* (de Morgan Spurlock)

SOSTENIBILIDAD Y SALUD DEL PLANETA

La filosofía COME LIMPIO va más allá de nuestro plato. Al igual que nuestro cuerpo se beneficia del cambio hacia una alimentación basada en ingredientes naturales, también lo hacen nuestro entorno y el planeta. Sea la razón que sea la que nos empuje a realizar esta transformación, este estilo de vida siempre es bueno, y nunca está de más disponer de información para generar consciencia de la realidad.

Por ello, quiero compartir muy brevemente algunos datos para que cada uno los use y haga cambios en función de lo que le lleguen estos mensajes:

- Se necesitan 15 kilos de cereales para obtener 1 kilo de carne de ternera, y 5 kilos para obtener 1 kilo de carne de pollo. La mayoría de los granos que se cultivan mundialmente están destinados a la crianza del ganado, así que estaríamos hablando de una reducción masiva del consumo de agua y energía si estos cereales fueran para el consumo humano.

- ¿Sabías que la mitad del agua que se usa en Estados Unidos es para la actividad ganadera? Se necesitan 1.750 litros de agua para producir una hamburguesa de ternera de 120 gramos. En el caso de la leche, no estamos hablando de números más alentadores: se necesitan 3.800 litros de agua para producir únicamente 4 litros de leche de vaca.

- Un artículo publicado en 2009 en el *Scientific American* anunciaba que la cantidad de ternera que consumía de media un ciudadano americano al cabo del año producía la misma cantidad de emisiones de gases que conducir un coche a lo largo de más de 2.900 kilómetros. Solemos culpar a las emisiones de los coches, los aviones y los humos de las fábricas de ser los responsables del efecto invernadero, pero no se habla nunca del gran peso que tiene en ello la ganadería. Según la FAO (Organización de las Naciones Unidas para la Agricultura y la Alimentación), la ganadería es responsable del 18 % de las emisiones de estos gases, lo que es más que la suma de las emisiones por parte de todos los medios de transporte juntos.

- Las estadísticas dicen que si todos los americanos dejaran de comer una porción de pollo a la semana nos ahorraríamos la misma cantidad de emisiones de CO_2 que si elimináramos 500.000 coches de la carretera. De hecho, seguir una alimentación basada en vegetales puede reducir la huella de carbón de cada individuo hasta un 50 %.

- Según el International Livestock Research Institute, la actividad ganadera ocupa el 46 % de la tierra que existe en el planeta. Dicha actividad es culpable de la deforestación del 91 % de la selva amazónica, uno de los pulmones principales de nuestro planeta, emisor de oxígeno que nos ayuda a limpiar nuestra atmósfera.

- Otro dato al que sugiero que le prestéis atención y hagáis vosotros mismos el cálculo... 6.000 metros cuadrados de tierra pueden producir 170 kilos de carne o también 16.800 kilos de alimentos vegetales.

ÉTICA EN FAVOR DE LOS ANIMALES

Todos apartamos la mirada o cambiamos de canal cuando vemos imágenes de mataderos o animales torturados. Yo soy la primera en evitarlo. Pero es importante ser consciente de dónde vienen y qué energía traen los alimentos que comemos.

Solo voy a hacer referencia a un caso al azar para que nos demos cuenta: las jaulas de gestación para las cerdas en granjas de producción masiva. Una vez inseminadas, meten a las cerdas en jaulas tan grandes como el tamaño de su cuerpo.

A medida que las cerdas van creciendo, el espacio se les va reduciendo y empiezan a desarrollar llagas en su piel por las rozaduras con las paredes de la jaula. Orinan y defecan a través de las ranuras de la jaula, hecho que crea un ambiente cargado de amoníaco, precursor de enfermedades pulmonares. Una vez la cerda da a luz, se la separa de su cría y vuelve a su jaula hasta que llega el momento de ir al matadero.

Estas son algunas de las praxis que se emplean para ahorrar dinero y aumentar la producción de carne. ¿Pero a qué coste? Los cerdos son animales incluso más inteligentes que los perros que tenemos en casa, con la única diferencia de que nunca nos hemos planteado tener un cerdo como mascota.

Para estos últimos temas te recomiendo muchísimo ver los siguientes documentales:

- *Cowspiracy* (de Kip Andersen y Keegan Kuhn)

- *Earthlings* (de Shaun Monson)

- *Plastic Ocean* (de Craig Leeson)

EL CUIDADO DEL YO INTERIOR

«La coherencia es la mejor forma de autoestima».

– VERÓNICA GAMIO

Estamos rodeados de tantos estímulos y posibilidades que mantenerse firme en una idea, camino o visión puede resultar desafiante. Coherencia..., qué fácil de pronunciar y qué difícil no perderla nunca...

¿Cómo dar agua a los demás si tienes el vaso vacío? Esto nos pasa a muchas personas entregadas al servicio a los demás: damos nuestro tiempo, nuestra energía, nuestro plato, todo... hasta quedar agotados. El cuidado personal e interior es tanto o más importante que todo lo que podamos dar al mundo. Cuidar la fuente es lo que permitirá que siga bajando agua por el río. Cultivar tu espacio, tu mente y tu respiración te hará el mejor servidor.

En este último apartado me gustaría compartir brevemente mi visión de la vida; de cómo, en una atmósfera «perfecta», podríamos cuidar nuestro ser interior. Digo «perfecta» porque la realidad siempre presenta imprevistos, apuros y circunstancias que no nos permiten hacer las cosas como quisiéramos o como las teníamos planeadas. Nuestra finalidad será acercarnos a ello tanto como podamos, como nos sea posible. Y la aceptación de esta realidad también es una manera de vivir COME LIMPIO.

Para mí, un estilo de vida COME LIMPIO es poner consciencia a todo, desde que nos despertamos hasta que nos acostamos. Saber ponernos en la piel de todo el mundo y tener una actitud de comprensión. Querer entender todo lo que nos rodea sin juzgar, solo observando. Siendo empático sin criticar lo extraño, que precisamente por nuestro desconocimiento tendemos a veces a rechazar o hablar mal de ello. ¿Conoces la historia verdadera de esa persona, de ese hecho? ¿Qué poder tienes tú sobre ello para señalar con el dedo?

GRATITUD

Otra actitud que define para mí la filosofía COME LIMPIO es la **gratitud**. Ser agradecido a la vida por todo aquello que nos pasa, por todo lo que se nos presenta en el camino, sea bueno, no tan bueno o «malo». Malo entre comillas, porque todo, y repito **todo**, nos brinda un aprendizaje, un crecimiento. Y, tristemente, a veces cuanto más sufrimiento hay, más nos ayuda este a definir quiénes somos, qué queremos o cómo queremos los hechos y a las personas en nuestra vida. Dicen que mantener una actitud de agradecimiento genera aún más motivos para estar agradecidos, porque con ella atraemos a nuestra vida aquellas situaciones que vibran igual que nosotros, aquello que deseamos, y todo queda en armonía.

> Da siempre las gracias por lo que tienes en ese momento. Aprecia el detalle, no des nada por hecho.

Para alguien que no practica esta actitud de forma diaria puede sonar un tanto *hippie* o parecer que uno lo ve todo de color de rosa o con poco realismo. Los que vivimos así también pasamos por estragos, tenemos días grises, emociones y pagamos facturas; la única diferencia es que en tus manos está elegir el color de las gafas con las que quieres ver tu realidad. No es «lo que te pasa», sino «cómo reaccionas a lo que te pasa», tu actitud es lo que creará tu verdad o realidad. Puedes perder el tren y enfadarte porque llegarás tarde a una reunión, estar enfadado treinta minutos y hacerte mala sangre hasta que se acerque el próximo tren, o puedas avisar de que llegarás tarde; o puedes sentarte en el banco tranquilo porque ya no hay nada más que hacer sobre lo que acaba de pasar, sacar el teléfono y aprovechar para llamar a un amigo o familiar al que hace tiempo que no llamas, leer un rato o, simplemente, entrar en tu espacio personal y pensar en todo lo bueno que sí tienes en tu vida.

Pensar en positivo o verle el valor o el aprendizaje a todo te da motivo para estar agradecido, y siempre es un regalo que nos llega, un mensaje para trabajar, seguramente, nuestros puntos más débiles y seguir preparándonos para lo que la vida nos depare.

Vivir con la filosofía COME LIMPIO es intentar acercar todos tus actos, pensamientos y emociones a ese estado que te hace sentir bien, que te hace estar en paz y armonía contigo mismo. Apreciar el detalle, y no dar nada por hecho. No pensar que cada día sale el sol y por eso no valorarlo. «La plantita debe regarse cada día», me enseñaron de pequeña, y esto se aplica a las relaciones amorosas, a las familiares, a los amigos, al trabajo, etc.

Siempre hay que dar las gracias por lo que tenemos en ese momento. No dar por hecho que cada día tendremos comida en nuestro plato. Y, cuando lo tenemos, **valorarlo**. No hay ejercicio más bonito que dar las gracias por la comida antes de empezar a comer. Es un acto que practico a diario mínimo tres veces. Me hace sentir bien y estoy segura de que le da a la comida otro sabor, otra energía, otra intención. Pensar que esos alimentos me nutrirán, me harán sentir bien, que tendrán una función muy importante en mi vida y que formarán parte de mí; y, por encima de todo, dar las gracias por tener acceso a ellos cuando otras personas no tienen esa suerte.

MASTICAR

Hablando de ponernos la comida en la boca, hay otro ejercicio del que me gusta hablar, y es el de ser consciente de la masticación. Masticar conscientemente es beneficioso por muchas razones. Deberíamos masticar los alimentos hasta cuarenta veces antes de tragarlos. Primero, porque es en la boca donde el alimento se mezcla con la saliva, la cual ya contiene enzimas (amilasas) que nos ayudan a digerir los alimentos y nos facilitan las digestiones. Nuestro estómago no tiene dientes, así que cuanto más fácil se lo pongamos, menos trabajo tendrá que realizar. Segundo, porque al masticar estamos estimulando los movimientos peristálticos de nuestros intestinos y hacemos que el bolo fecal se movilice correctamente. Y tercero, porque comemos de manera más lenta, lo que permite que los neuroreceptores del estómago tengan tiempo de informar al cerebro de que ya estamos comiendo y nos estamos llenando. Es una manera concreta de comer lo que realmente necesitamos, y de no comer en exceso. Imagina cuánta comida puedes ingerir en diez minutos sin ni respirar entre bocado y bocado…

Quiero compartir una experiencia que viví en Puerto Rico cuando estaba haciendo mi formación en el instituto de Ann Wigmore. Un día, la profesora nos hizo masticar una cucharada de crema de verduras, primero durante 30 segundos sin tragar (y sin reírnos); después lo probamos 60 segundos, 1 minuto, y para finalizar masticamos una cucharada de crema de verduras durante 1 minuto y medio, 90 segundos. Os prometo que pude distinguir y apreciar los sabores de todos los ingredientes allí presentes, pude sentir cómo cada uno de ellos me nutría. Y os aseguro que, cuando llevaba la mitad del bol de crema de verduras, ya estaba más que llena y satisfecha, no sentía más hambre. Te invito, por muy a locura que te suene, a hacer esta misma prueba: que pongas una canción, una sintonía que tenga esta duración y experimentes tú mismo el efecto. Toma consciencia de la importancia de la masticación y así, en tu día a día, no hará falta que mastiques durante 90 segundos cada cosa que te pongas en la boca, pero te lo tomarás con más calma.

RESPIRAR

¿Sabías que puedes pasar treinta días sin comer, pasándolo muy mal y sufriendo muchísimo, y aún puedes sobrevivir? ¿Sabías que puedes pasar diez días sin tomar ni una gota de agua, pasando muchísima sed y deshidratación, y puedes sobrevivir? ¿Sabes cuántos minutos puedes mantenerte con vida sin respirar, sin tener oxígeno en tus pulmones?

No se trata de un nutriente, pero sí de un elemento esencial para la vida, que, como otros aspectos ya hablados, también nos nutren, encienden nuestra energía y nuestra vitalidad.

La respiración nos mantiene vivos, la respiración nos mantiene en el presente. Sin darnos cuenta, tenemos en nosotros una herramienta enormemente poderosa para calmar muchas emociones, aliviar el estrés. A veces, pensar en el pasado nos produce tristeza o nostalgia; pensar en el futuro nos crea ansiedad. Prestar atención a nuestras inhalaciones y exhalaciones nos mantiene en el presente, nos llena de oxígeno y nos relaja. Nos ayuda a reenfocar nuestra mente, a encarar desde un espacio de más armonía y paz cualquier problema o situación que nos llega o molesta.

No hace falta sentarse con las piernas cruzadas, poner las manos en *Gyan mudra* y meditar durante horas ni recitar el mantra *Om* una y otra vez. Aunque estas técnicas funcionen y sean transformadoras, con una «simple» respiración consciente puedes transformar tu realidad.

Un ejercicio que personalmente practico y recomiendo mucho es el de realizar cinco respiraciones conscientes seguidas. Yo lo hago de la siguiente manera:

- Inhalar por la nariz contando hasta 8.
- Retener el aire contando hasta 6.
- Exhalar el aire por la nariz contando hasta 12, hasta expulsar la última gota que queda al final de tus pulmones.

Sacar aquello que haya quedado acumulado y sea viejo en tus pulmones y rellenarlos de aire nuevo y fresco. Muchas veces nos hace más bien liberarnos y dejar ir aquello que es viejo que lo nuevo que podemos aportar al cuerpo.

Esta técnica y remedio no ocupa espacio en el bolsillo, lo llevas incorporado en ti. No necesitas material extra, ni *mat* de yoga, ni pelota, ni pesas, ni dinero. Puedes hacerlo en tu despacho o incluso sentado en la taza del baño con la puerta cerrada. ¡Como tú quieras! No tardas más de diez minutos, el tiempo es mínimo y los resultados son máximos. Una vez más, pruébalo y me cuentas…

DESCANSAR

Pasamos un tercio de nuestra vida durmiendo. ¿No debería ser nuestro sueño algo a lo que prestarle atención? Tal cual te acuestas, así te despiertas. Si nos acostamos alterados, así nos vamos a despertar.

Bajo esta idea, ha surgido un nuevo concepto, la **higiene del sueño**: hábitos que deberíamos seguir para hacer posible que nuestro sueño sea reparador y nos podamos despertar sintiéndonos con energía y listos para comernos el mundo un día más.

No dormir las horas suficientes o hacerlo con muchas distracciones o de manera entrecortada nos hace sentir agotados ya nada más levantarnos, con falta de energía y con la necesidad de tomar estimulantes durante todo el día para mantenernos despiertos (ya sea café, colas, bebidas energéticas o alimentos repletos de azúcar refinado). Esos días en los que no descansamos bien estamos llenos de antojos y tenemos una gran necesidad de ir picoteando a lo largo de toda la jornada.

Estos son algunos de los hábitos que recomiendo para seguir una buena higiene del sueño:

- Cenar ligero y mínimo 2 horas antes de acostarte.
- No tomar alcohol ni tampoco fumar: aunque parezca que relajen, la nicotina y el alcohol nos alteran.
- No hacer la siesta a media tarde si te cuesta conciliar el sueño por la noche.
- Valorar el ambiente de la habitación: ni demasiado frío ni demasiado caliente y, sobre todo, oscuro.
- No beber mucha agua antes de dormir, solo la justa para que no te despiertes con sed, pero que no te obligue a ir al baño durante la noche.
- Desconectarse de pantallas, teléfono móvil, tableta y ordenador una hora antes de meterse en la cama.
- No ver películas ni documentales violentos por la noche.
- No tener discusiones o conversaciones alterantes.

Algunas acciones o hábitos que se pueden poner en práctica antes de dormir son:

- Una ducha de agua caliente.
- Tomar una infusión relajante mientras se escucha música tranquilizadora o, simplemente, el silencio.
- Escribir un diario.
- Leer un libro.
- Recibir y dar un buen masaje.

AFIRMAR

Las creencias que uno se impone pueden llegar a ser muy limitantes en nuestra vida. Las afirmaciones positivas hacia uno mismo son otra herramienta muy potente y transformadora. Mandarse mensajes positivos a uno mismo ayuda a recuperar la confianza y la autoestima. Te puede parecer incluso estúpido, pero a veces es necesario pretender creerse algo uno mismo hasta lograrlo. La repetición de un mantra en la mente puede hacer milagros.

Frases como estas son buenas para ti mismo:

YO SOY LUZ.

YO SOY AMOR.

YO SOY SUFICIENTE.

YO SOY FUERTE.

YO PUEDO CON TODO.

YO SOY CAPAZ DE...

YO ME VEO BIEN.

Incluso algo muy bonito que hacer es impregnar tu casa con notitas, ya sea en el espejo del baño, en la puerta del armario, en la puerta del frigorífico, una nota de papel dentro del estuche de tus gafas de sol. Mensajes que van apareciendo y tu mente va leyendo a lo largo del día.

En este apartado también quiero compartir otra técnica que me funciona increíblemente bien, y es hacer *Ho'oponopono*. Se trata de un arte hawaiano ancestral de resolución de problemas basado en la reconciliación y el perdón hacia uno mismo.

En cualquier situación o pensamiento en el que te has sentido mal, repetirse las palabras *Lo siento, Perdóname, Gracias, Te amo*, como si le estuvieras hablando a tu niño interior, puede aliviar tus emociones, volverte a tu centro y darte paz. Úsalo siempre y tantas veces como lo necesites a lo largo del día.

MEDITAR

En este terreno puedo decir que tengo algo de experiencia y a la vez ninguna. Nunca he podido ser tan constante como habría deseado, pero lo que sí puedo compartir es que cuando he practicado la meditación esta ha sido medicina para mi mente.

Estar en silencio, en un espacio tranquilo y hacer una visión introspectiva es ponerte en modo de meditación, un estado reflexivo y sin juicios. Dedicarse unos minutos a estar contigo mismo para reconectar con tu esencia, con lo que eres: un ser vivo que respira y que cuando lo dejas en tranquilidad puede florecer.

Personalmente, nunca he logrado poner mi mente en blanco, pero lo que sí me ha brindado la meditación es mucho orden en mis pensamientos, aquietar el *monkey mind* (pensamientos saltarines y movedizos) y aclarar ideas. Dicho de otra manera, silenciar mi mente y relativizar la importancia de ciertos pensamientos.

La meditación me ayuda mucho en momentos en los que necesito creatividad o resolver problemas. Por eso siempre me gusta llevar conmigo una libretita para anotar todo aquello que me «aparece» durante la meditación antes de que se me olvide, pues he encontrado muchas respuestas en ello.

No hace falta empezar por meditaciones de más de diez minutos. Siéntate en el suelo o encima de una almohada —o si lo prefieres por alguna lesión, siéntate en una silla. Cierra tus ojos, respira tranquilamente y escucha a tu alrededor y, a continuación, escúchate a ti. Cualquier pensamiento o sensación que te venga, reconócela, ponle una etiqueta, «pienso, pienso», «escucho, escucho», «huelo, huelo», «siento, siento»... y después déjalo ir. Fíjate en los colores que aparecen frente a ti, cómo van cambiando y qué formas van tomando. Con los ojos cerrados, enfoca tu vista hacia el «tercer ojo», punto de la frente entre tus cejas, y respira...

Puedes ayudarte con una música relajante que sea posible ir siguiendo durante toda tu meditación. Fíjate en tu respiración o incluso empieza a contarla para empezar. Contempla tu quietud y tu silencio.

Cuando ya lleves práctica con ello, serás capaz de entrar en un estado de meditación incluso con ruido y movimiento alrededor. Esta es una herramienta invencible. Con ella nada ni nadie te puede mover de tu centro.

PRACTICAR

A mí, esta palabra me evoca mi práctica de asanas de yoga, de la que soy fiel seguidora desde hace ya más de ocho años (a temporadas más rigurosa, en otras no tanto). Mi práctica de yoga en el *mat* es un espacio íntimo conmigo misma. Es tomar consciencia de mi cuerpo, el vehículo que me permite moverme en este mundo y realizar todos mis propósitos y tareas en esta vida. Es un momento también para tomar consciencia de mi respiración al coordinarla con los movimientos. Es un ratito para desconectar de mis responsabilidades, para reconectar con quien yo soy, más allá de mi rol en el trabajo, en casa o con la familia. Reconectar con quien soy en espíritu, con mi propósito de vida y con lo que he venido a aprender. No dejo mis preocupaciones fuera de la clase de yoga, las llevo conmigo en el *mat* y las asanas de yoga me ayudan a relativizarlas, a ponerlas en su sitio y a ver que lo más importante frente a cualquier situación o problema soy yo.

La práctica de asanas de yoga me ha ayudado a entender el mundo de otra manera. Conocer la filosofía del yoga en general y todas sus ramas me ha llevado a cambiar mi actitud sobre la vida. El yoga no lo dejo en mi *mat*, lo intento practicar en mi día a día, en mi comunicación con las personas, con mis acciones, con mis pensamientos.

Hay muchas modalidades para practicar las asanas de yoga. Encuentra la que más se adapte a tus necesidades y, sobre todo, busca conectar con la persona instructora que te va a guiar, que te haga sentir cómodo. Esto puede cambiar tu experiencia del blanco al negro. Hay tantas variantes que no te quedes solo con una experiencia, dale varias oportunidades y encuentra tu mejor forma.

Obviamente, comparto mi experiencia para enseñarte algo que a mí me funciona muy bien. Y, al igual que a mí la práctica de asanas me ha brindado todos estos beneficios, a ti puede que sea la práctica de un deporte o un baile lo que te brinde todas estas sensaciones. Sea lo que sea, no lo dejes, encuentra tu espacio para ti y sigue con ello, aunque no sea con la frecuencia deseada. No olvides, ni por largas temporadas que pases sin hacerlo, que eso **eres tú**, porque tú eres **paz**, **armonía** y **felicidad** y esa práctica te lo da.

Por cierto, me olvidaba en este punto de mencionar la importancia de mantenerse activo. Mejora la circulación de la sangre, el funcionamiento del corazón, te ayuda a mantener un peso correcto y mejora tu humor, entre muchos otros beneficios.

CONFIAR – RENDIRSE – AGRADECER

¿Confiar en qué?, me vas a decir… Confiar en que todo está bien, y en que todo saldrá bien. Confiar en que todo lo que nos pasa tiene un fin. Confiar en que todo está ya planeado, y en que lo mejor que nos pueda pasar en cada situación es lo que nos va a llegar; quizás no será lo que queremos, pero sí lo que necesitamos para aprender y prepararnos para algo más grande. Confía.

Rendirse. ¿Rendirse frente a qué? Pues a la vida. A veces tratamos de llegar hasta un punto pasando por un camino donde hay un muro y no dejamos de darnos cabezazos contra él una y otra vez. Ríndete, la vida te está poniendo claramente un muro para decirte que esa no es la manera, que hay otra ruta, que quizás será más larga o diferente, pero que te llevará hacia donde quieras llegar. O, quizás, esa misma ruta te hará ver que no querías eso que está detrás del muro, sino que lo que realmente quieres es algo que te ha mostrado el nuevo camino y que desconocías por tu tozudez de ir en línea recta, donde estaba el muro de piedra. Ríndete y hazle caso a las señales que aparecen en tu vida. Cuando todo fluye, esa es la dirección; cuando hay muchos impedimentos, algo está diciéndote que recalcules y tomes otra ruta…

Y por último, recuerda agradecer, dar las gracias, cada día, por ser tú.

¡ÁMATE!

EJERCICIO —
EL CÍRCULO DE LA VIDA (2)

¿Recuerdas el círculo de la vida que hicimos al inicio del libro? Después de la lectura de todas estas páginas, y de haber iniciado tu transformación hacia un estilo de vida más COME LIMPIO, te propongo que vuelvas a hacer este ejercicio y compares cómo ha cambiado tu círculo, tu vida. ¿Lo ves más redondo? ¿Hay diferencia? ¿Qué cambios has hecho en ti para que tu círculo de la vida también cambiara? ¿Lo ves positivo?

Te sugiero que hagas este ejercicio de forma recurrente, una o dos veces al año, y vayas viendo cómo te encuentras en cada momento de tu vida, qué aspectos tienen mucha energía y en cuáles podrías inyectar un poco más.

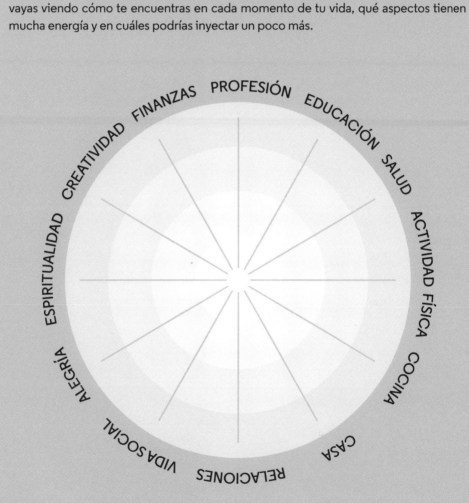

TU TRANSFORMACIÓN COME LIMPIO: CAMBIO DE ALIMENTACIÓN EN 3 FASES

« El cambio no es algo a lo que deberíamos temer, sino algo a lo que debemos dar la bienvenida, porque sin cambio nada en este mundo crecería ni florecería. Sin cambio, nadie en este mundo evolucionaría hasta convertirse en la persona que quiere llegar a ser».

- B. K. S. IYENGAR

No hay mejor momento para dar el primer paso hacia un cambio de alimentación que ahora. Proyéctate unas metas y visualízate en ellas. Ahora desengrana el camino hacia ellas y planifica los peldaños que te llevarán a ellas. Sé realista y detallado en su construcción, verás como te resultará mucho más fácil que estos se manifiesten y puedas pasar al siguiente. No tengas prisa, hazlo todo con autorrespeto y a tu ritmo, y no necesitarás tantas pausas.

LAS TRES FASES Y SU PLANIFICACIÓN

Ya estamos en el punto en el que hemos resuelto muchas dudas acerca de la nutrición y de cómo encontrar la mejor manera de alimentarnos según nuestra situación, gustos y objetivos de salud y vida. En este último apartado del libro, te propongo que nos embarquemos en este viaje juntos, siguiendo una planificación de menús pensada para hacer el cambio de forma gradual y, sobre todo, integrando siempre todos los nuevos hábitos para que te resulten tan fáciles y naturales como lavarte los dientes.

He dividido esta transición en tres fases y tú mismo vas a elegir hasta qué fase quieres llegar. Igualmente, podrás ir combinándolas según el momento en el que te encuentres y tus necesidades.

Para experimentar los beneficios de cada una de estas fases, te aconsejo seguir a rajatabla tanto como puedas las indicaciones y los menús propuestos entre 2 y 4 semanas por fase. Pero si por alguna razón no te resulta posible, sigue siempre las reglas básicas de cada semana.

Las recetas propuestas van a requerir el mínimo de electrodomésticos especiales y utensilios de cocina:

CUCHILLOS DE COCINA | **PELADOR** | **TABLA DE MADERA PARA CORTAR**
MEDIDORES DE COCINA (TAZAS Y CUCHARAS) | **BATIDORA, PICADORA**
O PROCESADOR DE ALIMENTOS (SI LA BATIDORA ES POTENTE, YA HACE SU FUNCIÓN)
EXTRACTOR DE ZUMOS (PREFERIBLE DE PRENSADO EN FRÍO/COLD PRESS) **PARA LA FASE 3**
ESPIRALIZADORA DE VEGETALES (OPCIONAL)

Antes de presentarte cada fase, me gustaría volver a remarcar la importancia de seguir un estilo de vida saludable que te ayude a depurar de forma diaria, todo lo contrario de las dietas estrictas o planes *detox* cortos. Verás que te resulta más fácil y llevadero durante mucho más tiempo, porque no se trata de un plan, sino de un estilo de vida.

• La *dieta* la asociamos a limitarse a comer pequeñas cantidades o alimentos especiales con el objetivo de perder peso.

• *Depurar* es cambiar hábitos con la intención de eliminar sustancias tóxicas.

El problema está en nuestra interpretación, ya que muchos piensan que *detox* es un nombre, «hacer un *detox*» durante unos cuantos días. Lo que realmente es válido es el verbo *detoxificar*, pensar en seguir un estilo de vida que nos permita depurar el cuerpo continuamente, puesto que acumulamos toxinas también constantemente.

Cuando haces dieta, te limitas a consumir unos alimentos específicos para seguir un plan o cumplir con una restricción calórica. Esto puede derivar en una falta de satisfacción, lo que provocará que no sea sostenible en el tiempo. Esta es una de las razones por la que no me gustan las dietas: mucha gente acaba rompiéndola y volviendo a los mismos malos hábitos de antes. Todos sabemos de alguien que, siguiendo una dieta, ha perdido peso de forma muy rápida; pero también es verdad que su energía ha decaído y la piel le ha empezado a empeorar (se ve más arrugada).

Personalmente, creo que es necesario tener una buena educación nutricional que nos dé las herramientas para saber elegir en todo momento lo que más nos conviene comer en cualquier situación y momento. La clave está en crear una estructuración de las comidas adecuada y unos patrones y hábitos saludables que satisfagan todas tus necesidades, al mismo tiempo que comes de tal forma que estás continuamente depurando el organismo.

Si incorporas alimentos antioxidantes y ricos en fibra en tu alimentación, *detoxificarás* tu cuerpo y lo limpiarás de dentro hacia fuera. Mientras este proceso tiene lugar, también perderás grasa de forma natural y, lo más importante, tu salud mejorará.

La filosofía COME LIMPIO busca que te veas y sientas en tu mejor versión y con mucha energía. ¿Por dónde empezar? Comienza por probar los zumos y batidos verdes e incorpóralos poco a poco en tus desayunos o meriendas; sigue con llenar la nevera y la despensa de alimentos de origen vegetal.

PREGUNTAS MÁS FRECUENTES AL INICIAR EL CAMBIO DE ALIMENTACIÓN COME LIMPIO

¿Aconsejas hacer el cambio de forma gradual o empezar al 100 %?

Comer limpio no es un *detox* ni una dieta que se practica durante una semana o veintiún días para regresar después a los malos patrones. Se trata de una forma de alimentarse a largo plazo y un cambio de estilo de vida. Tampoco quiere decir que vayamos a eliminar nuestros alimentos favoritos de forma inmediata y nunca jamás volver a comerlos. Se trata de cambiar nuestra manera de pensar sobre lo que es realmente saludable y nutritivo para nuestro cuerpo y así tomar la mejor decisión.

Personalmente, recomiendo hacer un cambio gradual para ir experimentando cambios positivos que nos empujen a seguir cada día más. Si hacemos el cambio de la noche a la mañana, puede que nos saturemos de tanta información, nos estresemos y sea otro intento fallido.

He iniciado el cambio y no experimento esa energía de la que todo el mundo habla e incluso he ganado algo de peso. ¿Por qué?

La mayoría de nosotros hemos pasado muchos años consumiendo alimentos acidificantes, que han causado la putrefacción y fermentación de residuos que han quedado «escondidos» como basura en diferentes partes de nuestro cuerpo. En ocasiones, como muchos residuos ácidos se están expulsando del organismo, el cuerpo retiene más agua para neutralizarlos, y por esta razón puede que sintamos que hemos ganado incluso algo de peso. No te preocupes, esto se va rápido.

Si un día decidimos que queremos hacer el cambio y empezamos a consumir solo o mayoritariamente alimentos alcalinos, como las frutas y verduras, estamos también liberando los «limpiadores» más potentes que podemos introducir en nuestro cuerpo.

¿Qué pasa cuando vertemos una docena de botellas de «detergente drenante» en una tubería obstruida? Despegaremos una cantidad masiva de materia de los lados de la tubería, y es mejor que estemos seguros de que esta vieja materia obstruida abandona la tubería por completo; de lo contrario, se quedará atrapada en el medio y estaremos peor que si la dejáramos incrustada a los lados. Si las toxinas no se van del cuerpo adecuadamente, lo único que habremos hecho es despertar el «veneno» y llevarlo a la superficie, donde será reabsorbido de nuevo por los tejidos.

Esto es lo que pasa cuando hacemos cambios drásticos y repentinos en nuestra alimentación. Es conveniente hacer una transición de la dieta de forma correcta. Aunque estemos comiendo alimentos saludables, estamos «despertando un montón de demonios» en forma de toxinas. Debemos hacerlo en cantidades limitadas para que vayan saliendo del cuerpo de forma controlada o corremos el riesgo de padecer demasiados síntomas depurativos, como dolores de cabeza, náuseas, mareos, granitos y erupciones en la piel, diarrea, etc., que nos pueden hacer sentir muy mal.

Esto es común en personas entusiasmadas por llevar una alimentación 100 % vegetal y que terminan por sentirse débiles. Sus amigos, familiares y «opositores» les regañan con un «¿Ves? Ya te dije que eso no funciona, que debes comer carne para estar fuerte y tener todos los nutrientes que el cuerpo necesita…».

¿Has conocido alguna vez a alguien que haya intentado pasarse al veganismo y se haya encontrado débil al cabo de dos o tres semanas? En este punto gran parte de las personas vuelven a comer carne y a sus hábitos de alimentación anteriores para «sentirse bien». ¿Por qué es así? Bien, lo que verdaderamente está pasando aquí no es falta de nutrición o proteína, sino que está sintiendo la intoxicación de «veneno»-sustancias tóxicas que tenía acumuladas en el organismo y que los potentes, limpios y depurativos alimentos que está incorporando a su nueva alimentación están sacando al torrente sanguíneo, para poder ser finalmente expulsados.

¿Qué son los síntomas depurativos?
¿Cuánto durarán y cuándo empezaré a encontrarme mejor?
Antes que nada, decir que no todo el mundo pasa por los mismos síntomas. Es más, no tienes ni por qué experimentar ninguno. Esto variará según tu estado de salud y cuánta carga tóxica lleves encima de tu cuerpo antes de empezar con el cambio. Puede variar desde unos pocos días hasta unas pocas semanas.

Algunos de los síntomas más comunes son dolor de cabeza, dolor de garganta, cansancio, erupciones de la piel y acné, dolor en todo el cuerpo en general, agujetas, frío en las extremidades o sentirse destemplado, ligeros mareos y mal humor. Estos síntomas suelen ser los más notorios durante las primeras semanas cuando haces la transición hacia una alimentación COME LIMPIO, pero, si sigues firme en tu cambio, verás como eliminarás gran cantidad de toxinas del cuerpo y terminarás sintiéndote fantásticamente bien y con un cuerpo y aspecto mucho más limpio y esbelto.

El secreto es mantenerse constante con el cambio y seguir todas las pautas que se encuentran en cada etapa. Esto te llevará a tomar mejores decisiones en tu elección de comida, que marcarán una mejora no solo en tu salud física sino en tu energía y bienestar mental, que afectarán a todos los aspectos de tu vida.

¿Es recomendable seguir con la rutina de ejercicio cuando se inicia la filosofía COME LIMPIO si se están haciendo cambios significativos en la alimentación?

Por encima de todo, escucha a tu cuerpo, ya que nadie mejor que tú lo conoce. No se trata de un esprint, sino que es una carrera de fondo, hay tiempo para apreciar el camino e igualmente se llega a la meta.

Puede que tus hábitos alimenticios fueran ya similares a la filosofía COME LIMPIO, entonces es posible que no sufras síntomas depurativos y puedas seguir con tus rutinas. En caso contrario, será bueno que le des un descanso al cuerpo y guardes tu energía para que el organismo pueda «limpiarse» lo más rápido posible. En este caso, no te recomiendo quedarte tumbado en el sofá, pero sí practicar deportes no tan intensos, como la natación suave, el yoga o los paseos en bicicleta o las largas caminatas. Debemos seguir manteniéndonos activos para seguir estimulando la circulación de la sangre y así depurarla de toxinas de forma más rápida y eficaz.

Cuando tu cuerpo pueda liberarse bien de la mayoría de toxinas, recobrarás una gran fuente de energía que te impulsará a retomar tu práctica de ejercicios, y con más ganas.

¿Qué hago si tengo una reunión o evento social que me obliga a comer fuera y no hay demasiadas opciones saludables?

Asegúrate de comer bien ese día previamente al evento. Si has estado comiendo bien durante todo el día, tendrás fuerza mental y estarás en una buena posición cuando llegues al cóctel o cena de compromiso.

Recuerda mantener el cuerpo hidratado, y si crees que no habrá nada, nada, **nada** de vegetales, puedes comer un pequeño *snack* de palitos de vegetales (zanahoria, pepino o pimiento) en el coche, de camino justo antes de llegar.

Puedes ayudarte también de las enzimas digestivas; intenta combinar lo mejor que puedas los alimentos y recuerda masticar bien. No te excedas en caprichos, pero disfruta de la ocasión, ya que si estás comiendo con una sonrisa sin sentirte culpable verás como tu actitud también te ayudará a digerir mejor.

Procura no salirte del camino durante dos días seguidos y a la mañana siguiente empieza tomándote un buen vaso de agua tibia con zumo de limón seguido de un generoso batido verde.

¿CÓMO REDUCIR LOS SÍNTOMAS DE UN PROCESO DEPURATIVO?

Todos los síntomas del proceso del cambio de alimentación irán desapareciendo a medida que el cuerpo esté más limpio, no te preocupes. Para mitigarlos, quiero compartir contigo algunos pequeños trucos.

Duerme. Dedica tiempo a descansar y a recuperarte. Lo más probable es que lleves mucho tiempo acumulando malos hábitos y no es realista pensar que el cuerpo se va a depurar y a acostumbrar de la noche al día. Si experimentas cansancio, mareo o debilidad es porque tu cuerpo te pide descanso, que duermas, ya que es cuando dormimos el momento en el que se activa el mecanismo de «recuperación» y las células se reparan, rehidratan y nutren. ¿Y quién no se siente mejor cuando ha descansado? Intenta dormir más horas, un mínimo de ocho, y, si te es posible, haz también una siesta de 10-15 minutos.

Frota tu piel. Con un guante de crin o cepillo corporal con un poco de jabón líquido neutro o humedecido con agua, frota tu cuerpo en seco. Eliminarás las células muertas de la piel y las toxinas que irás expulsando a través de los poros. Además, te ayudará a activar la circulación y a acelerar el proceso de eliminación de toxinas. Notarás una piel más brillante y suave.

Haz ejercicio. Es muy importante mantener el cuerpo activo durante el proceso de depuración, ya que promueve la buena circulación de la sangre y con ello la eliminación de toxinas. Sin embargo, es desaconsejable practicar deporte de alta intensidad si tus síntomas depurativos son fuertes, porque tu cuerpo estará en «modo reposo» y pedirá descansar más de lo habitual. Los ejercicios más recomendados para practicar durante estos días son yoga suave, pilates, natación relajada y caminar.

Bebe mucha agua. Agua buena y de calidad. Evita aguas purificadas y/o con sales y sabores añadidos. Bebe agua de manantial. El 70 % del cuerpo es agua, así que cuanto más buena sea la calidad del agua que consumes, mejor te sentirás. Beber agua es muy importante durante el proceso de depuración, porque te ayudará a eliminar líquidos y con ellos expulsarás toxinas del organismo. Lleva siempre una botellita de agua encima y toma infusiones y tés (preferiblemente verdes o blancos) durante todo el día.

Busca el contacto con la naturaleza. Pasa tiempo fuera, al aire libre y en contacto con la naturaleza para respirar aire limpio y puro. Te ayudará a limpiar los pulmones y a oxigenarlos con aire sano. Además, aumentarás tu sensación de tranquilidad, paz y reflexión. Te permitirá estar en el presente y estar atento a los cambios que tu cuerpo va experimentando.

Escribe un diario. ¿Qué he comido? ¿Cómo me he sentido? ¿Qué emociones he experimentado? ¿Cuántas veces he ido al baño? Reflexionar y escribir las respuestas a todas estas preguntas te ayudará a ser consciente y a estar presente durante todo el proceso de cambio. Debes escribir todo aquello que te va mal o que está cambiando en tu cuerpo. Cuando estés en «el otro lado», lo leerás y te arrancará una sonrisa.

Crea una comunidad afín. Sentirte acompañado y tener ayuda moral durante el cambio es muy importante y te dará fuerzas para seguir con tu objetivo.

Anima a tu pareja a que te acompañe en el proceso, a tu madre, padre, compañero de piso o de trabajo, para que juntos podáis ir compartiendo vivencias, recetas y dudas. Además, cuentas con mi motivación, que encontrarás en la comunidad virtual COME LIMPIO, Facebook, Instagram y mi blog. Muchos de mis clientes y lectores se reúnen en ella para compartir y darse apoyo, así que tú también eres bienvenido.

Aceites esenciales. La aromaterapia puede ser muy poderosa. El simple hecho de oler una esencia agradable puede calmar las emociones y ayudar a relajarte. Puedes utilizar un difusor de aceites esenciales para ambientar tu hogar, ponerte una gotitas en las muñecas o llevar los aceites en el bolso y olerlos cuando lo necesites. Prueba con aceites esenciales de lavanda, mejorana y sándalo para relajarte y calmar la ansiedad, y con los aceites de *lemon grass* y menta para aliviar los ligeros dolores de cabeza.

Suplementación natural durante un proceso depurativo

Tomar suplementos depurativos no es obligatorio, pero siempre reforzará y acelerará el proceso. A continuación, te doy una lista de los ingredientes más utilizados para estos casos.

Semillas de chía o lino. Si sufres de estreñimiento, no esperes demasiado a tomar una o dos cucharadas de estas semillas seguidas de un generoso vaso de agua templada antes de ir a dormir. Asegúrate de masticar (triturar y machacar) bien las semillas antes de tragarlas. Primero, porque el simple hecho de masticar estimula los movimientos peristálticos del intestino, que moviliza el bolo fecal en dirección al recto. Segundo, porque al triturar las semillas estás rompiendo su cáscara y se libera la fibra soluble, que en contacto con el agua creará un gel que lubricará las paredes intestinales y hará que el bolo fecal se deslice mejor hacia abajo.

Otros laxantes naturales un poco más potentes que puedes utilizar en caso de necesidad serán cápsulas de aloe vera u óxido de magnesio.

Espirulina. Se trata de una microalga verde-azulada muy rica en antioxidantes que cuenta con maravillosos efectos depurativos. Su gran contenido en clorofila te ayudará a eliminar metales pesados y a acelerar el proceso de depuración. Se recomienda tomar una cápsula diaria por cada 10 kg de peso.

Cúrcuma. Es una raíz con propiedades altamente antioxidantes, anticancerígenas y sobre todo antiinflamatorias. Personalmente, la llamo el ibuprofeno natural, así que en caso de que te duela la cabeza, las articulaciones o la musculatura te recomiendo agregarla a tus zumos, batidos y sopas, ya sea en polvo o natural. De forma más concentrada también la puedes encontrar en cápsulas, en este caso te recomiendo tomar entre 1-2 al día máximo.

Infusiones depurativas de cardo mariano o alcachofa. Te ayudarán a limpiar y tonificar el hígado, y su efecto diurético acelerará la expulsión de toxinas.

Infusión de anís. El anís normal o estrellado te ayudará a mejorar las digestiones y a aliviar y expulsar esos gases producidos por la falta de costumbre de consumir ciertos alimentos o tan abundantes en fibra. Prepárate una infusión después de las comidas.

Infusión de jengibre. Si sientes mareo o frío, toma una infusión de jengibre con limón. El jengibre es como la biodramina natural, te da energía y ayuda a elevar la temperatura corporal.

1.ª FASE
COME LIMPIO

«La misma agua hirviendo
que ablanda una patata
es la que endurece
un huevo».

– ANÓNIMO

Se trata de aquello de lo que estás hecho, no de las
circunstancias. Es tu actitud frente a los hechos lo que
crea tu propia realidad. Lo que causa estrés, tristeza,
enfado o alegría es como tu mente interpreta una
situación. Esta no se podrá cambiar, pero cómo
gestionar los propios pensamientos y sentimientos,
sí que está en tus manos.

Ya ha llegado el momento de tomar las riendas de tu salud, así que empecemos la casa por sus cimientos, reordenando tus comidas y limpiando tus platos de aquellos ingredientes más pesados, los que cargan el organismo y lo drenan de energía y de vitalidad.

En esta primera fase, encontrarás una planificación semanal de menús que incluye ingredientes de origen animal, pero en la que hay abundantes alimentos de origen vegetal y se hace énfasis en estos últimos. Se trata de empezar a limpiar el organismo. Para ello, necesitaremos gran cantidad de fibra y antioxidantes.

Verás que la mayoría de las preparaciones requieren cocción. Esto quiere decir que, aunque estemos consumiendo mucha fibra, también la estaremos «ablandando» al someterla a temperatura al cocinarla.

¿CÓMO FUNCIONA?

La idea es seguir el menú de esta planificación, semana tras semana, hasta que te sientas listo para probar la fase 2 (COME LIMPIO *veggie*). Quédate en esta fase hasta que estés satisfecho y hayas podido cumplirla toda de arriba abajo. Verás como tus digestiones mejorarán, no tendrás tantos gases ni el estómago hinchado, empezarás a perder peso (si es que lo necesitas), a recuperar energía, y tu paladar se limpiará de ingredientes químicos —como los potenciadores del sabor— y empezarás a apreciar el sabor natural de los alimentos reales.

Si no necesitas perder peso sino ganarlo, puedes aumentar la cantidad de las comidas en las recetas.

Podrás modificar los ingredientes de algunos platos para no repetir exactamente un mismo menú, pero siempre y cuando sigas las «reglas básicas» de esta fase:

- No consumir alimentos procesados ni empaquetados.
- No tomar refrescos ni bebidas con alcohol.
- No usar ningún tipo de salsa prefabricada.
- Usar la mínima cantidad de aceites vegetales.
- Eliminar la leche de vaca, cabra y oveja y sus derivados.
- No usar harinas ni azúcares refinados.
- Eliminar el gluten (cereales como el trigo, la cebada y el centeno).
- No consumir carnes procesadas, embutidos, carnes rojas ni carnes blancas.
- Respetar la correcta combinación de los alimentos.
- Comprar los productos de la lista «La docena sucia» en su forma orgánica.
- Consumir los alimentos de origen animal por la noche, en la cena, ya que necesitan más energía para digerirse.

¿CÓMO PLANTEAMOS EL DÍA?

- Al despertar, lávate la lengua y los dientes antes de tomar tu agua tibia con zumo de limón, acompañada de los suplementos que estés tomando en ese momento. Dejaremos pasar unos 10-15 minutos antes de empezar a desayunar.

- Todos los desayunos de esta fase los empezaremos comiendo una pieza de fruta ácida o con un elevado contenido en agua, que sea de temporada. En invierno, tendremos cítricos (naranjas, mandarinas y pomelos), y en primavera y verano, las fresas, el melón, la sandía o frutos rojos como las moras, arándanos y frambuesas. Durante todo el año, encontramos el kiwi, la piña o la papaya, que también son opciones adecuadas. De esta manera estamos aportando una buena dosis de vitaminas, antioxidantes, fibra e hidratación al cuerpo antes de darle otro alimento más denso.

- En esta primera fase, completaremos el desayuno con cereales sin gluten con leche vegetal o bien en forma de tostadas untadas con nutritivos *toppings*.

- A media mañana, tu mejor opción será tomar fruta fresca de temporada. Si necesitas algo más contundente, entonces te recomiendo un puñado de frutos secos o semillas.

- Puede que a primera hora de la mañana no te sientas muy hambriento. En este caso, puedes reservar tu desayuno para tomarlo a media mañana y al despertar solo comer tu pieza de fruta fresca.

- A media tarde, si sientes que se te antoja comer alguna cosita, puedes prepararte un buen batido verde para merendar, comer un puñado de frutos secos o semillas, pudín de chía o un vasito de leche vegetal con un poco de canela.

- Si eres de los que practica deporte por la tarde, puedes prepararte un batido energético antes de entrenar o unas tostadas con aguacate o crema de almendras. Si elijes la segunda opción, asegúrate de masticar bien y dejar pasar unos largos 45 minutos antes de ponerte a entrenar duro para no sentirte demasiado pesado.

- Verás que no hay postre después de comer o cenar. Si necesitas «cerrar» tus comidas con algo, te propongo un té digestivo o infusión, un vaso de leche vegetal con canela o un trocito de chocolate con más del 85 % de cacao.

- Si tu alimentación no incluye ningún ingrediente de origen animal y ya estás acostumbrado a tomar batidos verdes, entonces puedes pasar directamente a la fase COME LIMPIO *veggie*.

A continuación tienes la lista de la compra y la planificación de menús. Todas las recetas las encontrarás a partir de la página 128.

LISTA
DE LA COMPRA
FASE 1

VERDURAS

400 g de judías verdes

1 cebollino fresco

8 zanahorias

100 g de cilantro fresco

250 g de brotes de alfalfa

1 chile serrano

1 cebolla

2 pimientos verdes

3 ramas de apio

350 g de brócoli

275 g de coliflor

100 g de albahaca

1 puerro

7 dientes de ajo

10 espárragos

350 g de espinacas

100 g de lechuga orejona

150 g de lechuga italiana

1 cebolla morada

100 g de canónigos

3 ñoras

2 calabacines

1 pimiento rojo

300 g de champiñones

400 g de *kale* (col rizada)

150 g de perejil

100 g de rúcula

100 g de espinacas *baby*

400 g de setas

100 g de brotes

1 pimiento amarillo

1 alcachofa

1 pepino

200 g de acelgas

2 rábanos

50 g de algas wakame secas

1 puerro

2 patatas medianas

FRUTAS

6 dátiles

7 limones

10 tomates

1 aguacate

150 g de arándanos
(pueden ser congelados)

200 g de frambuesas
(pueden ser congeladas)

1 naranja

200 g de moras
(pueden ser congeladas)

1 plátano

125 g de aceitunas negras

100 g de tomates cherry

20 g de pasas

GRANOS, LEGUMBRES Y CEREALES

500 g de avena en copos

50 g de linaza molida

200 g de quinoa

100 g de arroz salvaje

100 g de garbanzos

12 tostadas sin gluten
(arroz, maíz, quinoa,
garbanzos)

60 g de semillas de sésamo

100 g de lentejas

100 g de amaranto inflado

100 g de semillas de girasol

100 g de semillas de chía

50 g de almendras
(preferiblemente crudas
y sin sal)

50 g de avellanas
(preferiblemente crudas
y sin sal)

100 g de nueces

30 g de nibs de cacao

100 g de mijo

100 g de judías blancas

20 g de arroz inflado

10 g de coco rallado

ESPECIAS

Cacao en polvo

Canela en polvo

Pimienta negra molida

Pimienta de Cayena

Sal del Himalaya

1 raíz de jengibre pequeña

Nuez moscada en polvo

Finas hierbas

Cardamomo en polvo

3 hojas de laurel

Páprika

Sal marina

Ajo en polvo

Comino seco

Semillas de mostaza

Extracto de vainilla

Ramita/hojas de romero

Orégano seco

OTROS ALIMENTOS

1 medallón de atún orgánico

150 g de tofu firme orgánico

6 huevos orgánicos

2 calamares grandes

200 g de pasta tahina

Salsa tamari (sin gluten)

Crema de cacahuate
(sin azúcar ni aceite ni sal)

100 ml de sirope de arce
crudo

1,5 l de caldo de verduras

1 filete de pescado blanco

Levadura en polvo sin gluten

200 ml de salsa de tomate
orgánica (sin azúcar ni aceite
añadidos)

50 g de levadura nutricional

Pasta de miso

100 g de tomates
deshidratados

2 hojas de alga nori

1 litro de leche vegetal

125 ml de agua de coco

Miel de abeja cruda

Vinagre de manzana

Aceite de oliva extra virgen

MENÚ
SEMANAL
FASE 1

LUNES

<u>DESAYUNO</u>

Avena con chocolate,
canela y dátiles

<u>COMIDA</u>

Arroz salvaje con judías
verdes y cebollino

<u>CENA</u>

Tacos de lechuga
con garbanzos y tomate

MARTES

<u>DESAYUNO</u>

Tortitas sin gluten
con guacamole

<u>COMIDA</u>

Pimiento a la mexicana
con quinoa y verduras

<u>CENA</u>

Crema de coliflor
con nuez moscada
+
Medallón de atún sellado
con especias

3

MIÉRCOLES

DESAYUNO
Amaranto inflado con
semillas y arándanos

COMIDA
Ensalada tibia de lentejas
con salsa dulce

CENA
Parrillada de verduras
con salsa romesco

5

VIERNES

DESAYUNO
Muesli sin gluten con
leche vegetal y avena

COMIDA
Cuscús de mijo
con verduras y pasas

CENA
Consomé de verduras
y setas
+
Pescado al vapor
con romero y brócoli

7

DOMINGO

DESAYUNO
Smoothie bowl
de vegetales y frutas

COMIDA
Verduras braseadas
con salsa de aguacate
+
Brochetas de calamar
y salsita de ajo y perejil

CENA
Sopa de miso con algas
wakame
+
Wraps (rollitos) de nori

4

JUEVES

DESAYUNO
Tortitas sin gluten con
crema de cacahuete
y mermelada

COMIDA
Hamburguesa de quinoa
y zanahoria a la plancha
+
Ensalada de rúcula
y espinacas

CENA
Tortilla de huevos con setas
y espárragos

6

SÁBADO

DESAYUNO
Claras *caprese*
con espinacas

COMIDA
Hummus de judías blancas
en tostadas sin gluten

CENA
Pizza de alcachofas
y tomate secos

DESAYUNO

AVENA CON CHOCOLATE, CANELA Y DÁTILES

Ingredientes

½ taza de avena

1 cucharada
de linaza molida

1 cucharada de
cacao en polvo

1 cucharadita de
canela en polvo

2 dátiles

1 cucharada de
semillas de sésamo

Preparación

1. Pon a cocer la avena con la linaza con una taza de agua hirviendo hasta que se evapore el agua y la avena se ablande.

2. Quítale el hueso a los dátiles y pícalos.

3. Dispón la avena en un plato y mézclala con la canela y el cacao. Encima, añade los dátiles previamente picados o molidos y las semillas de sésamo.

⨉ 1 persona

⏱ 10' preparación

⊗ fácil
○ normal
○ difícil

ARROZ SALVAJE CON JUDÍAS VERDES Y CEBOLLINO

COMIDA

Preparación

1. Cuece el arroz salvaje durante 25 minutos aproximadamente.

2. Mientras tanto, lava las judías y córtales los extremos con un cuchillo.

3. En una sartén antiadherente, asa las judías verdes con el cebollino y la pimienta negra 5 minutos. Después, incorpora el arroz cocido y remuévelo constantemente todo durante 5 minutos más y retíralo del fuego.

Ingredientes

½ taza de arroz salvaje

½ taza de judías verdes

3 cucharadas soperas de cebollino fresco picado

1 cucharadita de pimienta negra molida

2 personas

30' preparación

○ fácil
⊗ normal
○ difícil

DÍA

1

LUNES

CENA

2 personas

95' preparación

fácil
normal
difícil

TACOS DE LECHUGA CON GARBANZOS

Ingredientes

2 hojas grandes de lechuga orejona

1 zanahoria

1 tomate

½ taza de brotes de alfalfa

El zumo de 1 limón

1 cucharada de cilantro seco

½ cucharadita de pimienta de Cayena

½ taza de garbanzos

Preparación

1. Deja los garbanzos en remojo 12 horas (si los dejas remojando más tiempo, debes cambiar el agua cada 12 horas).

2. Transcurrido este tiempo, cuécelos en una olla a fuego alto con suficiente agua. A los 10 minutos, si es necesario, quita la espuma que se forma encima y sigue cociéndolos hasta que queden blandos. Este proceso en olla normal puede durar hasta 1 hora y media.

3. Mientras, pica el tomate en dados y ralla la zanahoria.

4. En un recipiente hondo, mezcla los garbanzos con la zanahoria, el tomate, los brotes de alfalfa, el cilantro, el zumo de un limón y la pimienta de Cayena.

5. Dispón las hojas de lechuga extendidas y agrega por encima la mezcla que acabas de preparar. Ya tienes tus *tacos*.

Comer limpio consiste en disfrutar de la abundancia en el camino, de conocer aquello que te sienta mejor a ti, **que te da energía, te da paz en tu relación con la comida y te mantiene con una sonrisa.**

TORTITAS SIN GLUTEN CON GUACAMOLE

DESAYUNO

Preparación

1. En un recipiente, machaca el aguacate junto con el zumo de limón con un tenedor hasta que no queden grumos y se convierta en una pasta.

2. Pica finamente la cebolla, el cilantro y el tomate y mézclalos con el aguacate, la sal del Himalaya y la pimienta de Cayena.

3. Unta el guacamole en las tortitas y espolvorea por encima las semillas de sésamo.

Ingredientes

3 tortitas de algún cereal sin gluten (pueden ser de arroz o de maíz, por ejemplo)

½ aguacate

El zumo de 1 limón

¼ de cebolla

1 tomate

½ cucharadita de sal del Himalaya

½ cucharadita de pimienta de Cayena

½ taza de cilantro fresco

2 cucharadas de semillas de sésamo

Ⓧ 1 persona

🕐 15' preparación

Ⓧ fácil
○ normal
○ difícil

COMIDA

Ingredientes

1 pimiento verde de carne gruesa

½ taza de quinoa

2 tallos de apio

1 taza de brócoli picado

Salsa pico de gallo (salsa mexicana)

Para la salsa pico de gallo

¼ de cebolla

1 tomate

1 chile serrano

PIMIENTO A LA MEXICANA CON QUINOA Y VERDURAS

Preparación

1. Para la salsa pico de gallo: Pica todos los ingredientes y mézclalos bien.

2. Corta la parte superior del pimiento y quita las semillas de su interior. Asa el pimiento en el horno a 250 °C durante 15 minutos o hasta que quede bien hecho pero mantenga la forma.

3. Mientras, enjuaga muy bien la quinoa bajo el grifo y cuécela en un recipiente con una taza de agua aproximadamente 25 minutos.

4. Pica las verduras y mézclalas con la quinoa cocida y la salsa pico de gallo.

5. Rellena el pimiento con esta preparación, con cuidado para evitar que se rompa.

2 personas

35' preparación

○ fácil
⊗ normal
○ difícil

CREMA DE COLIFLOR CON NUEZ MOSCADA

Ingredientes

½ coliflor pequeña (unos 250 g)

2 tazas de caldo de verduras

½ puerro

½ diente de ajo

1 cm de raíz de jengibre

Nuez moscada en polvo

Preparación

1. En una licuadora, dispón todas las verduras y, conforme lo vayas necesitando, vierte el caldo vegetal para que todo se incorpore mejor.

2. En una olla, calienta la mezcla y deja que espese un poquito. Tardará entre 15 y 20 minutos.

3. Sirve la crema decorada con un poco de nuez moscada en polvo por encima, al gusto (es mejor ir con cuidado y corregir después, ya que es una especia con un sabor marcado).

2 personas

25' preparación

⊗ fácil
○ normal
○ difícil

MEDALLÓN DE ATÚN SELLADO CON ESPECIAS

CENA

Preparación

1. Sella el medallón de atún con la pimienta negra molida, las finas hierbas y la sal del Himalaya.

2. En una fuente de vidrio refractario, vierte el caldo de verduras para que no se pegue y coloca el atún encima.

3. Precalienta el horno a 200 °C y hornea el atún 40 minutos.

4. Deja los espárragos al vapor de 10 a 15 minutos. Acompañarán en el plato al medallón de atún.

Ingredientes

1 medallón de atún orgánico

1 cucharadita de pimienta negra molida

1 cucharada de finas hierbas

½ cucharadita de sal del Himalaya

¼ de taza de caldo de verduras

5 espárragos

⨕ 2 personas

🕐 30' preparación

⊗ fácil
◯ normal
◯ difícil

DESAYUNO

AMARANTO INFLADO CON SEMILLAS Y ARÁNDANOS

Ingredientes

½ taza de amaranto inflado

1 taza de leche de avellana

½ taza de arándanos

2 cucharadas de semillas de girasol

1 cucharada de semillas de sésamo

½ cucharadita de canela

½ cucharadita de cardamomo en polvo

Preparación

1. En un bol o recipiente un poco hondo, combina todos los ingredientes menos la leche de avellana.

2. Mézclalos y añade, para terminar, la leche de avellana. Remueve un poco y ya está listo para comer.

👤 1 persona

🕐 5' preparación

⊗ fácil

◯ normal

◯ difícil

COMIDA

ENSALADA TIBIA DE LENTEJAS CON SALSA DULCE

Ingredientes

2 tazas de mezcla de lechugas (orejona e italiana) y espinacas

½ taza de lentejas

3 hojas de laurel

1 zanahoria rallada

¼ de cebolla morada

½ taza de canónigos

Para la salsa dulce

1 cucharada de miel de abeja cruda (no pasteurizada)

1 cucharadita de vinagre de manzana

½ cucharadita de aceite de oliva extra virgen

Agua al gusto para la consistencia

Preparación

1. Lava las lentejas y enjuágalas bien bajo el chorro del grifo. En una olla con medio litro de agua hirviendo y las hojas de laurel, dispón las lentejas y déjalas cocer de 35 a 40 minutos. Puedes reducir el tiempo de elaboración de esta ensalada utilizando lentejas ya hervidas.

2. Mientras, prepara la salsa dulce mezclando bien todos los ingredientes hasta que queden bien incorporados.

3. En un plato, haz una cama con las lechugas, las espinacas, la zanahoria rallada, los canónigos y la cebolla morada picada. Encima, agrega las lentejas cocidas y, sobre estas, la salsa dulce.

⚇ 2 personas

🕐 45' preparación

○ fácil
⊗ normal
○ difícil

PARRILLADA DE VERDURAS CON SALSA ROMESCO

CENA

Preparación

1. Para la salsa romesco: Precalienta el horno a 200 °C. Asa los tomates y el ajo unos 20 minutos para que queden bien tostados. Mientras tanto, corta el tallo de las ñoras, quítales las semillas y déjalas remojando 15 minutos en agua tibia. Cuando estén bien hidratadas, quítales la «carne» raspando por dentro con un cuchillo. También pela los tomates y los ajos después de sacarlos del horno. Para terminar, bate o procesa todos los ingredientes hasta que estén bien incorporados.

2. Corta el calabacín en rodajas; el pimiento, en tiras, y los champiñones, a tu gusto. Disponlos junto con la *kale* en una sartén y ásalo todo 10 minutos removiendo constantemente. No es necesario agregar aceite o agua para que no se peguen, ya que los champiñones irán soltando bastante líquido.

3. Acompaña la parrillada de verduras con las tostadas sin gluten y salsa romesco por encima.

Ingredientes

1 calabacín

½ pimiento rojo

1 taza de champiñones

1 taza de *kale*

2 tostadas de maíz o algún otro cereal sin gluten (como arroz o mijo)

Salsa romesco

Para la salsa romesco

3 ñoras

4 tomates

3 dientes de ajo

1 cucharada de vinagre blanco

1 cucharadita de páprika

1 cucharada de aceite de oliva

1 cucharada de agua

¼ de taza de almendras tostadas

¼ de taza de avellanas tostadas

Sal

⊗ 2 personas

🕐 45' preparación

○ fácil
○ normal
⊗ difícil

141

DESAYUNO

TORTITAS SIN GLUTEN CON CREMA DE CACAHUETE Y MERMELADA

Ingredientes

3 tortitas de algún cereal sin gluten (pueden ser de arroz o de maíz, por ejemplo)

2 cucharadas de crema de cacahuete (puedes comprarla o hacerla, pero si la compras asegúrate de que solo tenga cacahuetes en los ingredientes, sin sal, azúcar ni conservantes)

1 taza de frambuesas (pueden ser congeladas)

Preparación

1. Para hacer la mermelada, simplemente aplasta las frambuesas con un tenedor hasta que obtengas una pequeña cantidad de pasta. También puedes batirlas con el túrmix.

2. Unta la crema de cacahuete en las tortitas sin gluten y agrega un poco de mermelada por encima.

1 persona

10' preparación

⊗ fácil
◯ normal
◯ difícil

COMIDA

HAMBURGUESA DE QUINOA Y ZANAHORIA A LA PLANCHA

Ingredientes

½ taza de quinoa

2 zanahorias

3 cucharadas de chía

¼ de cebolla morada

2 cucharadas de perejil picado

1 cucharadita de ajo en polvo

1 cucharadita de comino seco

1 cucharadita de semillas de mostaza en polvo

½ taza de agua caliente

Preparación

1. Enjuaga muy bien la quinoa bajo el agua del grifo y cuécela en un recipiente con una taza de agua durante 25 minutos.

2. Procesa las zanahorias y la cebolla en una licuadora o procesador de alimentos hasta obtener una pasta.

3. Mezcla en un recipiente la quinoa cocida, la chía, el perejil, las especias y la pasta de zanahoria y cebolla que acabas de preparar. Agrega también media taza de agua caliente y remuévelo. La chía ayudará a que todo se incorpore. Déjalo reposar 15 minutos.

4. Transcurrido este tiempo, haz bolitas con tus manos. Aplástalas y dales la forma de hamburguesa. Caliéntalas en una sartén o parrilla hasta que se doren un poquito.

5. Sirve las hamburguesas en hojas de lechuga, junto con ensalada de rúcula que se explica en la página siguiente.

R 2 personas

🕐 50' preparación

○ fácil
⊗ normal
○ difícil

COMIDA

ENSALADA DE RÚCULA Y ESPINACAS

Ingredientes

½ taza de rúcula

½ taza de espinacas *baby*

½ taza de lechuga italiana picada

1 cucharada de semillas de sésamo

1 cucharada de zumo de naranja recién exprimido

Preparación

1. Mezcla la rúcula, las espinacas *baby* y la lechuga italiana después de limpiarlas y escurrirlas bien. A continuación, añade las semillas de sésamo.

2. Adereza la ensalada con una cucharada de zumo de naranja natural.

 2 personas

 10' preparación

 fácil
 normal
 difícil

TORTILLA DE HUEVOS CON SETAS Y ESPÁRRAGOS

Preparación

1. Pica la cebolla, las setas y los espárragos. En una sartén antiadherente, saltea la cebolla hasta que adquiera un tono dorado. A continuación, incorpora las setas y los espárragos.

2. Bate los huevos junto con el comino y una pizca de sal, y viértelos en la sartén con las verduras. Cuece la mezcla hasta que los huevos queden bien cuajados.

Puedes acompañar este plato con una ensalada verde básica, hecha con hojas verdes (de espinacas, lechuga, rúcula, canónigos) y pipas de calabaza o de girasol, y aderezarla con vinagre de manzana o zumo de limón.

Ingredientes

3 huevos

2 patatas medianas

¼ de cebolla

1 taza de setas

5 espárragos

1 cucharada de comino

Sal

人 2 personas

🕓 25' preparación

○ fácil
⊗ normal
○ difícil

DESAYUNO

MUESLI SIN GLUTEN CON LECHE VEGETAL Y AVENA

Ingredientes

¾ de taza de avena

½ taza de nueces trituradas

¼ de taza de arándanos (pueden ser congelados)

¼ de taza de semillas de girasol

1 cucharada de *nibs* de cacao

1 cucharada de coco rallado

2 cucharadas de chía

1 cucharadita de canela

1 cucharadita de extracto de vainilla (opcional)

1 cucharadita de sirope de arce

1 taza de leche vegetal

Preparación

1. En un recipiente, dispón la avena junto con los demás ingredientes secos. Cuando todo esté bien mezclado, agrega el extracto de vainilla y el sirope de arce.

2. Seguidamente, vierte la leche vegetal y mézclalo todo bien.

🧍 1 persona

🕐 10' preparación

⊗ fácil

◯ normal

◯ difícil

CUSCÚS DE MIJO CON VERDURAS Y PASAS

COMIDA

Preparación

1. Enjuaga muy bien el mijo bajo el chorro del agua del grifo y cuécelo en una taza de agua 25 minutos aproximadamente.

2. Mientras, corta todas las verduras (las pasas aún no) como más te guste y saltéalas 5 minutos en una sartén con un chorrito de agua para que no se peguen.

3. Transcurrido este tiempo, agrega el cuscús y saltea 3 minutos más.

4. Transfiérelo todo a un plato hondo, incorpora las pasas y remuévelo con la *tahina*, el zumo de limón y la salsa *tamari*.

Ingredientes

½ taza de mijo

1 zanahoria

½ pimiento rojo

1 taza de judías verdes

2 cucharadas de pasas

1 cucharada de *tahina*

El zumo de ½ limón

1 cucharadita de salsa *tamari* sin gluten

○ 2 personas

○ 35' preparación

○ fácil
⊗ normal
○ difícil

CONSOMÉ DE VERDURAS Y SETAS

Ingredientes

1 diente de ajo

¼ de cebolla

½ tallo de apio

1 zanahoria

½ calabacín

1 taza de setas

¼ de taza de perejil picado

½ l de caldo de verduras

Preparación

1. Pica todas las verduras finamente y agrégalas al caldo de verduras.

2. Caliéntalo unos 10 minutos e incorpora el perejil picado. El consomé ya se puede servir.

⧍ 2 personas

🕐 20' preparación

⊗ fácil
○ normal
○ difícil

PESCADO AL VAPOR CON ROMERO Y BRÓCOLI

CENA

Preparación

1. Rocía el pescado con el zumo de limón y disponlo en una olla con opción al vapor. Incorpora el romero y las flores de brócoli en la misma olla y ciérrala con su tapa.

2. Cuécelo todo durante 25 minutos. Pasado ese tiempo, el pescado ya estará listo para comer.

Ingredientes

1 filete de pescado blanco

1 taza de flores de brócoli

El zumo de 1 limón

2 cucharadas de hojas de romero o una ramita de romero

1 cucharadita de pimienta negra molida

👤 2 personas

🕑 35' preparación

⊗ fácil
◯ normal
◯ difícil

DESAYUNO

CLARAS CAPRESE CON ESPINACAS

Ingredientes

3 claras de huevo orgánico

½ taza de espinacas

½ taza de albahaca

1 tomate

1 cucharadita de aceite de oliva

1 cucharadita de pimienta negra molida

Preparación

1. Bate las claras en un bol y viértelas en una sartén antiadherente hasta formar una tortilla. Cuando estén cuajadas, voltéalas y sigue cocinándolas por el otro lado.

2. Rápidamente, agrega las espinacas picadas, la albahaca y el tomate en rodajas. A continuación, incorpora el aceite de oliva y la pimienta negra. Dobla la tortilla para que queden cubiertas las verduras.

3. Sírvela con albahaca picada por encima.

Puedes acompañar este desayuno con palitos de zanahoria cruda para dar el toque crujiente, en sustitución de una tostada.

👤 1 persona

🕐 25' preparación

◯ fácil
✕ normal
◯ difícil

COMIDA

HUMMUS DE JUDÍAS BLANCAS EN TOSTADAS SIN GLUTEN

Ingredientes

½ taza de judías blancas

1 diente de ajo pequeño

1 cucharada de ralladura de limón

1 cucharada de zumo de limón

1 cucharada de comino

1 cucharadita de páprika

2 tostadas sin gluten

Preparación

1. Pon las judías blancas en remojo 12 horas (si las dejas más tiempo, debes cambiar el agua cada 12 horas). Después, cuécelas en una olla a fuego alto con suficiente agua. A los 10 minutos, si es necesario, quita la espuma que se forma encima y sigue cociéndolas hasta que queden blandas. Este proceso en olla normal puede durar hasta 1 hora y media. Si compras la legumbre ya hervida, puedes preparar el plato en 10 minutos.

2. En un procesador de alimentos, incorpora las judías, el ajo, el zumo de limón, la ralladura de limón y las especias. Procésalo todo hasta que se forme el hummus.

3. Sírvelo sobre las tostadas sin gluten.

👤 2 personas

🕐 105' preparación

⊗ fácil
○ normal
○ difícil

PIZZA DE ALCACHOFAS Y TOMATES SECOS

CENA

Preparación

1. Precalienta el horno a 200 °C.

2. Mezcla todos los ingredientes de la masa hasta que quede una consistencia gruesa, espesa.

3. Vierte la masa en una bandeja para hornear y, con tus manos o algún otro utensilio, dale la forma redonda de la *pizza*. No le des más de 5 mm de grosor.

4. Calienta la masa en el horno 8-10 minutos.

5. Mientras tanto, pica las aceitunas y pela y corta las alcachofas en rodajas delgadas (utiliza solo las hojas más tiernas).

6. Retira la masa del horno, voltéala y agrega los *toppings*. Hornéala 7 minutos más.

Ingredientes

Para la masa

1 taza de avena sin gluten

2 cucharadas de chía remojadas en 6 cucharadas de agua

¼ de taza de leche vegetal

¼ de cucharadita de sal de mar

¼ de cucharadita de levadura en polvo (sin gluten)

Toppings

½ taza de pasta de tomate orgánica

1 alcachofa

½ taza de aceitunas negras

½ taza de tomates deshidratados

2 cucharadas de levadura nutricional

1 cucharada de orégano seco

⌖ 2 personas

🕐 50' preparación

○ fácil
○ normal
⊗ difícil

DESAYUNO

SMOOTHIE BOWL DE VEGETALES Y FRUTAS

Ingredientes

1 taza de espinacas

1 taza de moras
(pueden ser
congeladas)

1 plátano

½ pepino

½ vaso de agua
de coco

1 cucharada
de coco rallado

1 cucharada
de *nibs* de cacao

2 cucharadas
de arroz inflado

1 cucharada de
semillas de girasol

Preparación

1. En una licuadora, mezcla las espinacas,
las moras, el plátano, el pepino y el agua
de coco.

2. Transfiérelo a un plato hondo y agrega
por encima el resto de los ingredientes.

A 1 persona

🕐 10' preparación

⊗ fácil
○ normal
○ difícil

VERDURAS BRASEADAS CON SALSA DE AGUACATE

COMIDA

Preparación

1. Lava y corta en tiras el pimiento verde y el calabacín.

2. Brasea o asa las verduras unos 5 minutos.

3. Para la salsa de aguacate, procesa el aguacate junto con el limón, la cebolla y los tomates.

4. Finalmente, agrega la salsa por encima de las verduras braseadas.

Ingredientes

½ pimiento verde

½ calabacín

1 taza de flores de coliflor

1 taza de acelgas

1 rábano

Para la salsa

⅓ de aguacate

¼ de cebolla

El zumo de ½ limón

2 tomates

⊖ 2 personas

🕐 20' preparación

○ fácil
⊗ normal
○ difícil

COMIDA

BROCHETAS DE CALAMAR Y SALSITA DE AJO Y PEREJIL

Ingredientes

2 calamares grandes

1 diente de ajo

¼ de taza de perejil fresco picado

1 cucharada de aceite de oliva extra virgen

Preparación

1. Limpia los calamares y córtalos en aros de 1 centímetro de grosor aproximadamente. Después, disponlos en un recipiente hondo junto con el ajo picado finamente, el aceite de oliva y el perejil fresco. Macéralos en la mezcla 30 minutos o más.

2. En una sartén, asa los calamares hasta que queden bien cocidos. Tardarás de 5 a 10 minutos.

3. Dispón los calamares en brochetas y sírvelas con las verduras braseadas.

👤 2 personas

🕐 40' preparación

⚪ fácil
⊗ normal
⚪ difícil

SOPA DE MISO CON ALGAS *WAKAME*

CENA

Preparación

1. Calienta 2 tazas de agua (no dejes que hierva) en una olla a fuego bajo y agrega el tofu previamente cortado en dados y las algas *wakame*.

2. Deja que las algas se rehidraten y expandan. En este punto, incorpora el puerro picado, el jengibre rallado y la pasta miso poco a poco. Remueve y caliéntalo todo 5 minutos más.

Ingredientes

½ bloque de tofu orgánico (150 g)

1,5 cucharadas de pasta miso

¼ de taza de algas *wakame* secas

½ puerro

1 cm de raíz de jengibre

2 personas

25' preparación

⊗ fácil
○ normal
○ difícil

DÍA

7

DOMINGO

CENA

WRAPS (ROLLITOS) DE NORI

Ingredientes

2 hojas de alga nori (las del *sushi*)

1 cucharada de miso

2 cucharadas de *tahina*

El zumo de un limón

½ taza de brotes de alfalfa

2 zanahorias

½ taza de champiñones laminados

½ taza de tomates *cherry*

Preparación

1. Crea una pasta con el miso, la *tahina* y el zumo de medio limón y úntala sobre la parte lisa de las algas nori.

2. Pela y ralla las zanahorias y mézclalas con el resto de los vegetales: la alfalfa, los champiñones y los tomates *cherry*. Déjalo macerando en el zumo de limón sobrante durante 15 minutos.

3. Finalmente, rellena las algas nori con los vegetales y forma un rollito para que todos los ingredientes queden por dentro.

A 2 personas

⏱ 30' preparación

○ fácil
⊗ normal
○ difícil

2.ª FASE
COME LIMPIO - *Veggie*

«Tu peso ideal es el peso que logras cuando vives la vida más saludable que puedes disfrutar».

– ANÓNIMO

El ideal es el estado en el que podemos disfrutar de salud y alegría. Vivir en sacrificio por lo que comemos y lo que no podemos comer nos angustiará de tal manera que no tendremos salud. No tener cuidado con nuestros hábitos de alimentación y comer cualquier cosa que se nos antoje sin tener en cuenta su calidad, solo por puro placer, acabará causando daño al cuerpo, lo que nos privará de salud y felicidad. Encuentra tu equilibrio.

En esta nueva fase empezarás a experimentar con mayor claridad los beneficios de seguir una alimentación plant-based, basada exclusivamente en ingredientes de origen vegetal. Te recomiendo que permanezcas en ella un mínimo de 4 semanas. Verás cómo tu piel y tu pelo brillarán más, esas ojeras crónicas empezarán a desaparecer y tus niveles de inflamación disminuirán drásticamente. Si estás buscando una bajada de peso, en esta fase es donde perderás la mayor parte de tu masa grasa corporal sobrante. Eliminarás cualquier retención de líquidos y podrás ver una expulsión más elevada de toxinas, puesto que excluimos por completo cualquier producto de origen animal.

Si no necesitas perder peso sino ganarlo, puedes aumentar la cantidad de las comidas en las recetas.

Una vez más, la idea es que te mantengas en esta fase tantas semanas como tú creas conveniente, hasta que logres completarla totalmente, te sientas 100 % cómodo con ella y ya no experimentes ningún síntoma depurativo. Si durante la semana haces alguna excepción, no te martirices, sigue con el plan tan pronto como puedas. Llegado este punto, sabes que tienes el poder y la fortaleza de hacer todo lo que te propones para sentirte mejor en tu cuerpo y mente. Algo que te puede ayudar es visualizar hasta dónde quieres llegar, cómo te quieres ver y cuáles son tus motivos para seguir en este camino.

Podrás modificar los ingredientes de algunos platos para no repetir exactamente un mismo menú semana tras semana, siempre y cuando sigas las «reglas básicas » que te acompañarán en esta fase:

• No consumir alimentos procesados ni empaquetados.

• No tomar refrescos ni bebidas con alcohol.

• No usar ningún tipo de salsa prefabricada.

• Usar la mínima cantidad de aceites vegetales.

• Eliminar la leche de vaca, cabra y oveja y sus derivados.

• No usar harinas ni azúcares refinados.

• Eliminar el gluten (cereales como el trigo, la cebada y el centeno).

• No consumir carnes procesadas, embutidos, carnes rojas ni carnes blancas.

• No consumir pescado ni mariscos.

• No consumir huevos.

• No tomar café.

• Respetar la correcta combinación de los alimentos.

• Comer alimentos en crudo en forma de ensalada para comer o cenar (o en ambas ocasiones), aunque sea a modo de guarnición.

• Para cenar, no preparar un plato de cereales o legumbres entero. Que sea en forma de tostaditas sin gluten o de hummus, preferiblemente, ya que es más fácil de digerir.

• Comprar todos los productos frescos en su forma orgánica, si es posible.

¿CÓMO PLANTEAMOS EL DÍA?

• Al despertar, lávate la lengua y los dientes antes de beber tu agua tibia con zumo de limón, acompañada de los suplementos que estés tomando en ese momento. Dejaremos pasar unos 10-15 minutos antes de empezar a desayunar.

• Esta fase marcará una gran diferencia en tus digestiones y niveles de energía porque introducimos ya los batidos verdes a diario. Cada mañana desayunarás un batido verde; puedes prepararte el batido incluido en el recetario (página 231) o bien elegir el que quieras de mi libro *Batidos verdes*. También puedes crear tu propia receta; la única condición es que no sea de puras frutas. Debe incluir al menos un puñado de hojas verdes.

• A media mañana, tu mejor opción será tomar fruta fresca de temporada. También puedes prepararte un batido verde de mayor tamaño y tomarte una segunda parte a media mañana. Si necesitas algo más contundente, entonces te recomiendo un puñado de frutos secos o semillas.

• Para merendar, a media tarde, si sientes que se te antoja comer alguna cosita, puedes volver a prepararte un buen batido verde, comer un puñado de frutos secos o semillas, pudín de chía o un vasito de leche vegetal con un poco de canela.

• Si eres de los que practica deporte por la tarde, puedes prepararte un batido energético antes de entrenar o unas tostadas con aguacate o crema de almendras. Si eliges la segunda opción, asegúrate de masticar bien y de dejar pasar unos largos 45 minutos antes de ponerte a entrenar fuerte para no sentirte demasiado pesado.

• Verás que no hay postre después de comer o cenar. Si necesitas «cerrar» tus comidas con algo, te propongo prepararte un té digestivo o infusión, un vaso de leche vegetal con canela o un trocito de chocolate con más del 85 % de cacao.

A continuación tienes la lista de la compra y la planificación de menús. Encontrarás todas las recetas a partir de la página 170.

LISTA DE LA COMPRA
SEMANA 2

VERDURAS

300 g de lechuga orejona

850 g de espinacas

250 g de lechuga italiana

8 zanahorias

2 cebollas moradas

50 g de canónigos

2 cebollas

3 pimientos rojos

3 calabacines

3 remolachas

400 g cilantro

300 g *kale* (col rizada)

2 pepinos

1 berenjena

1 pimiento amarillo

2 setas Portobello

1 pimiento verde

6 dientes de ajo

150 g de champiñones

1 puerro

100 g de brócoli

150 g de perejil

600 g de coliflor

6 cebollinos

2 ramas de apio

400 g de setas

100 g de albahaca

200 g de brotes

50 g de rúcula

FRUTA

6 limones

14 tomates *cherry*

11 tomates

15 g de pasas

1 aguacate

100 g de aceitunas negras

1 naranja

GRANOS, LEGUMBRES Y CEREALES

220 g de lentejas

150 g de anacardos /nuez de la India

100 g de arroz integral

50 g de semillas de chía

200 g de guisantes (pueden ser congelados)

200 g de garbanzos

50 g de semillas de girasol

100 g de quinoa

100 g de frijoles negros

100 g de linaza / semillas de lino

60 g de semillas de sésamo

100 g de fideos de arroz

6 tostadas sin gluten (arroz, maíz, quinoa, garbanzos)

1 paquete de pasta de lasaña sin gluten

30 g de almendras trituradas

100 g de coco rallado

ESPECIAS

3 hojas de laurel

1 raíz de jengibre pequeña

Curri en polvo

Eneldo seco

Tomillo seco

Ajo en polvo

Clavos de olor

Comino

Albahaca seca

Pimienta negra molida

Cúrcuma

Páprika

Pimienta de Cayena

Hojas de romero

Mostaza

Orégano seco

Cardamomo

Nuez moscada

Sal marina

OTROS ALIMENTOS

150 g de *tempeh* orgánico

Vinagre de manzana

Aceite de oliva extra virgen

1 litro de leche vegetal

150 g de tofu orgánico

Salsa *tamari* (sin gluten)

1 l de caldo vegetal

100 mg de pasta *tahina*

Pasta miso

350 g de salsa de tomate orgánica

Chucrut crudo

100 g de algas *wakame* secas

100 g de levadura nutricional

Sirope de arce

MENÚ
SEMANAL
FASE 2

1
LUNES

DESAYUNO
Batido verde

COMIDA
Ensalada de lentejas,
remolacha y tahina

CENA
Crema de zanahoria,
jengibre y curri
+
Tempeh marinado
con verduras salteadas

MARTES

DESAYUNO
Batido verde

COMIDA
Hamburguesas de arroz
y remolacha

CENA
Crema de guisantes
con comino
+
Torre de vegetales
con salsa de tomate

3

MIÉRCOLES

DESAYUNO
Batido verde

COMIDA
Tajín de garbanzos
y verduras

CENA
Sopa de miso con algas
wakame
+
Tostadas con paté
de algas

5

VIERNES

DESAYUNO
Batido verde

COMIDA
Ensalada de frijoles
y verduras con salsa
de mostaza

CENA
Pizza vegetal con base
de coliflor

7

DOMINGO

DESAYUNO
Batido verde

COMIDA
Lasaña vegetal con
bechamel de coliflor

CENA
Consomé de verduras
y setas
+
Palitos de pepino y
pimiento con guacamole

4

JUEVES

DESAYUNO
Batido verde

COMIDA
Quinoa al coco
con verduras

CENA
Crema de lentejas
con especias
+
Setas con verduras
salteadas y chucrut

6

SÁBADO

DESAYUNO
Batido verde

COMIDA
Ensalada de fideos
de arroz con salsa *tamari*

CENA
Crema de remolacha
+
Tostadas sin gluten con
hummus de garbanzos

COMIDA

ENSALADA DE LENTEJAS, REMOLACHA Y *TAHINA*

Ingredientes

¾ de taza de lentejas crudas

1 remolacha a dados

¼ de taza de cilantro picado

1 cucharada de *tahina*

1 cucharada de zumo de limón

Preparación

1. Pon las lentejas en remojo 12 horas (si las dejas remojando más rato, asegúrate de cambiarles el agua transcurrido ese tiempo). Cuécelas en un recipiente con 3 tazas de agua de 30 a 40 minutos.

2. Opcional: cocina al vapor la remolacha unos 10 minutos.

3. Mezcla las lentejas con la remolacha y el cilantro picado en un tazón.

4. Mezcla la *tahina* y el zumo de limón y adereza las lentejas con esta salsa.

2 personas

45' preparación

⊗ fácil
○ normal
○ difícil

TEMPEH MARINADO CON VERDURAS SALTEADAS

CENA

Preparación

1. Deja marinando el *tempeh* en la salsa *tamari* unos 20 minutos. Mientras, pica el pimiento, el calabacín y la cebolla.

2. En una sartén, incorpora el caldo de verduras y las verduras picadas.

3. Después, agrega el *tempeh* y saltéalo durante 5 minutos más. Finalmente, añade el tomillo seco por encima.

Ingredientes

150 g de *tempeh*

½ pimiento rojo

½ calabacín

¼ de cebolla

2 cucharadas de salsa *tamari* sin gluten

2 cucharadas de caldo de verduras

1 cucharada de tomillo seco

👤 2 personas

🕐 25' preparación

⊗ fácil
◯ normal
◯ difícil

171

1

LUNES

CENA

CREMA DE ZANAHORIA, JENGIBRE Y CURRI

Ingredientes

3 zanahorias

¼ de cebolla

2 cm de raíz de jengibre

1 cucharada de curri

1 taza de leche vegetal

½ taza de nueces de la India (anacardos)

1 cucharadita de eneldo seco (opcional)

Preparación

1. Deja en remojo las nueces de la India durante 15 minutos en agua caliente. Pasado este tiempo, escúrrelas.

2. Pela y corta las zanahorias en rodajas y hiérvelas unos 10 minutos para que se ablanden.

3. Mientras, pica la cebolla y ásala en una sartén con un chorrito de agua o caldo de verduras (si tienes a mano) para que no se pegue. Déjala en el fuego hasta que adquiera un tono marrón.

4. Para terminar, introduce todos los ingredientes en la licuadora y procésalos hasta que no queden grumos.

2 personas

35' preparación

⊗ fácil
○ normal
○ difícil

COMIDA

2 personas

75' preparación

○ fácil
○ normal
⊗ difícil

HAMBURGUESAS DE ARROZ Y REMOLACHA

Ingredientes

½ taza de arroz integral

½ remolacha

3 cucharadas de chía

¼ de cebolla morada

2 cucharadas de cilantro picado

1 cucharadita de ajo en polvo

1 cucharadita de eneldo seco

2 clavos de olor

Preparación

1. Enjuaga muy bien el arroz integral y luego cuécelo en una taza y media de agua durante unos 35 minutos.

2. Mientras, procesa la remolacha y la cebolla en una licuadora o procesador de alimentos hasta obtener una pequeña cantidad de pasta.

3. Combina en un recipiente el arroz cocido, la chía, el cilantro, las especias y la pasta de remolacha con la cebolla que acabas de preparar. Agrega a la mezcla media taza de agua caliente y remuévelo todo. Déjalo reposar 15 minutos.

4. Transcurrido este tiempo, haz bolitas con las manos con porciones de la preparación y aplástalas para darles la forma de hamburguesa.

5. Caliéntalas en una sartén o parrilla hasta que se doren un poco.

Puedes servirlas acompañadas de una ensalada fresca. Para prepararla, pica lechuga orejona y forma una cama en un plato junto con un poco de *kale* (col rizada). Encima, agrega pepino en rodajas y unos cuantos tomates *cherry*. Aderézala con una mezcla de *tahina* y zumo de limón.

2

MARTES

CENA

CREMA DE GUISANTES CON COMINO

Ingredientes

1 taza de guisantes

¼ de cebolla

1 cucharada de vinagre de manzana

1 cucharadita de comino

Preparación

1. En una olla, hierve los guisantes y la cebolla hasta que los primeros se ablanden. La cebolla puede quedar más al dente.

2. Licúa los guisantes y la cebolla junto con una cucharada de vinagre de manzana y el comino. Cuando tenga la textura deseada, ya tienes tu crema.

A 2 personas

🕓 20' preparación

⊗ fácil
○ normal
○ difícil

TORRE DE VEGETALES CON SALSA DE TOMATE

CENA

Preparación

1. Precalienta el horno a 220 °C.

2. Mientras, rebana las berenjenas y colócalas en una bandeja para el horno. Ásalas durante 15 minutos (dales la vuelta cuando haya transcurrido la mitad del tiempo).

3. Agrega a la bandeja la cebolla morada, el pimiento y las setas Portobello sin quitar la berenjena y hornea los vegetales hasta que estén blandos y dorados.

4. Para preparar la salsa, dispón todos los ingredientes de la lista en una sartén, remuévelos bien y cuécelos 4 minutos.

5. Para terminar, dispón sobre un plato las verduras en forma de torre y vierte por encima la salsa de tomate.

Ingredientes

½ berenjena

½ cebolla morada

½ pimiento amarillo

2 setas Portobello

1 tomate grande

Para la salsa

2 tomates finamente picados

½ cucharada de pasta miso

1 cucharadita de albahaca seca

1 cucharadita de tomillo

½ cucharadita de pimienta negra molida

A 2 personas

🕐 30' preparación

○ fácil
⊗ normal
○ difícil

3

COMIDA

👤 2 personas

🕐 125' preparación

○ fácil
○ normal
⊗ difícil

TAJÍN DE GARBANZOS Y VERDURAS

Ingredientes

½ taza de garbanzos

¼ de cebolla morada

½ zanahoria

½ pimiento verde

½ diente de ajo

1 cm de jengibre rallado

1 cucharada de pasta de tomate orgánica

½ cucharadita de comino

¼ de cucharadita de cúrcuma

½ cucharadita de páprika

¼ de cucharadita de pimienta de Cayena

½ taza de caldo de verduras

1 cucharada de pasas

El zumo de ½ limón

¼ de taza de cilantro fresco picado

Preparación

1. Deja los garbanzos en remojo 12 horas (si quieres dejarlos más tiempo, debes cambiar el agua cada 12 horas).

2. Cuécelos en una olla a fuego alto con suficiente agua. A los 10 minutos, si es necesario, quita la espuma que se forma encima y sigue cociéndolos hasta que estén en su punto óptimo. Este proceso, en olla normal puede durar hasta 1 hora y media.

3. Mientras, pica todas las verduras y saltéalas en una sartén con un cuarto de taza de agua unos 5 minutos. Después, retíralas de la sartén.

4. En esa misma sartén, incorpora las especias, la pasta de tomate y el ajo picado y molido y remuévelo bien. Cuando esté todo incorporado, vierte el caldo de verduras, las verduras picadas y los garbanzos. Cuécelo durante unos 20 minutos o hasta que las verduras queden blandas.

5. Al final, agrega el cilantro, el zumo de limón y las pasas y déjalo en el fuego 5 minutos más.

CENA

TOSTADAS CON PATÉ DE ALGAS

Ingredientes

¼ de taza de algas *wakame* secas

¼ de taza de semillas de girasol

¼ de taza de nueces de la India (anacardos)

El zumo de 1 limón

2 tostadas sin gluten

Preparación

1. Rehidrata las algas *wakame* con agua fría 10 minutos. Después, procesa las algas junto con las semillas de girasol, las nueces de la India y el zumo de limón hasta que quede una pasta homogénea.

2. Esparce bien la pasta sobre las tostadas sin gluten.

Esta cena va acompañada de una sopa de miso como entrante caliente. Tienes la receta para prepararla en la página 159 de este libro.

👤 2 personas

🕐 15' preparación

⊗ fácil
○ normal
○ difícil

DÍA

4

JUEVES

COMIDA

QUINOA AL COCO CON VERDURAS

Ingredientes

½ taza de quinoa

1 pimiento morrón picado

½ taza de brócoli (finamente picado)

¾ de taza de champiñones laminados

½ taza de coliflor (finamente picada)

3 cebollinos picados

½ taza de coco rallado

¼ de taza de caldo de verduras

3 hojas de laurel

Sal de mar

Pimienta blanca

Preparación

1. Enjuaga muy bien la quinoa y después cuécela en un cazo con una taza de agua y las hojas de laurel aproximadamente 25 minutos.

2. Mientras, vierte el caldo de verduras en una sartén caliente, agrega todos los ingredientes, con excepción de la quinoa y el laurel, y cuécelos unos 10 minutos. Guárdate un puñado de coco rallado para decorar el plato. En este paso se usa el caldo como sustituto del aceite para asar las verduras.

3. Para terminar, mezcla la quinoa con las verduras y espolvoréalas con otro puñito de coco rallado para adornar. Sazónalas con una pizca de sal de mar y pimienta blanca molida al gusto.

 2 personas

🕐 30' preparación

○ fácil
⊗ normal
○ difícil

SETAS CON VERDURAS SALTEADAS Y CHUCRUT

CENA

Preparación

1. Limpia las setas y déjalas macerando en la pasta de miso con la salsa *tamari* durante 20 minutos. Mientras, pica el resto de las verduras.

2. En una sartén a fuego medio, saltea las verduras junto con las setas previamente marinadas. Apaga el fuego y agrega la cucharadita de chucrut al final. Remuévelo todo durante 3 minutos.

Ingredientes

1 taza de setas

½ calabacín

½ tallo de apio

½ zanahoria

½ pimiento rojo

¼ de taza de cebollino fresco picado

1 cucharada de miso

1 cucharada de salsa *tamari* sin gluten

1 cucharadita de chucrut

⧑ 2 personas

🕐 30' preparación

⊗ fácil
◯ normal
◯ difícil

CREMA DE LENTEJAS CON ESPECIAS

Ingredientes

⅓ de taza de lentejas

1 diente de ajo

¼ de cebolla

½ tallo de apio

1 zanahoria

¼ de taza de cilantro picado

¼ de cucharadita de curri

1 cucharada de hojitas de romero

1 taza de caldo de verduras

Hojas de laurel

Preparación

1. Lava las lentejas y enjuágalas bien bajo el agua del grifo. Después, incorpóralas a una olla con medio litro de agua hirviendo y hojas de laurel. Cuécelas de 35 a 40 minutos. Si compras la legumbre ya hervida, puedes reducir a 15 minutos la elaboración del plato.

2. Transcurrido este tiempo, tritura las lentejas cocidas junto con los demás ingredientes hasta que quede una crema.

3. Antes de servirla, caliéntala en una olla.

⚇ 2 personas

🕐 50' preparación

⊗ fácil
○ normal
○ difícil

COMIDA

ENSALADA DE FRIJOLES Y VERDURAS CON SALSA DE MOSTAZA

Ingredientes

½ taza de frijoles negros

1 y ½ tazas de lechugas mixtas

2 tomates

½ pepino

¼ de taza de cilantro

Para la salsa de mostaza

1 cucharada de mostaza

½ cucharadita de sirope de arce

1 cucharada de vinagre de manzana crudo

El zumo de ½ limón

Preparación

1. Deja los frijoles en remojo durante 12 horas (si los dejas más tiempo, debes cambiar el agua cada 12 horas). Después, cuécelos en una olla a fuego alto con suficiente agua. A los 10 minutos, si es necesario, quita la espuma que se forma encima, y sigue cociéndolos hasta que estén en su punto óptimo. Este proceso en olla normal puede durar hasta 1 hora y media. Si empleas legumbre ya hervida, en un cuarto de hora tendrás listo el plato.

2. Para la salsa de mostaza: Mezcla todos los ingredientes de la lista.

3. Mientras, pica los tomates y el cilantro y corta en rodajas los pepinos. Disponlos en un plato junto con una cama de lechugas mixtas y aderézalos con la salsa.

4. Para terminar, agrega los frijoles cocidos encima y ya estará listo para servir.

2 personas

105' preparación

⊗ fácil
○ normal
○ difícil

CENA

PIZZA VEGETAL CON BASE DE COLIFLOR

Ingredientes

Para la masa

1 cabeza de coliflor

½ taza de linaza/ semillas de lino molidas

¼ de taza de semillas de sésamo

Toppings

½ taza de pasta de tomate orgánica

½ berenjena

½ taza de aceitunas negras

2 tomates

1 taza de espinacas

½ taza de hojas de albahaca

½ pimiento amarillo

1 cucharadita de ajo en polvo

2 cucharadas de levadura nutricional

1 cucharada de orégano seco

½ cucharada de tomillo seco

Preparación

1. Para la masa: lava la coliflor y tritúrala hasta que quede muy fina. Por otro lado, mezcla la linaza o las semillas de lino molidas con las semillas de sésamo y media taza de agua en un procesador de alimentos. Une la coliflor a la pasta que acabas de preparar.

2. Precalienta el horno a 180 °C.

3. Extiende la masa de coliflor sobre una bandeja para horno y dale forma de *pizza*. Hornéala unos 15 minutos. En este punto, retírala del horno para agregarle los *toppings* en este orden: la pasta de tomate, las especias y el resto de las verduras a rodajas.

4. Para terminar, hornéala 15 minutos más.

○ 2 personas

◔ 40' preparación

○ fácil
⊗ normal
○ difícil

ENSALADA DE FIDEOS DE ARROZ CON SALSA *TAMARI*

Ingredientes

½ taza de fideos de arroz

1 taza de brotes de alfalfa

1 taza de tomates *cherry*

1 taza de *kale* (col rizada) sin tallo

¼ de taza de rúcula fresca

1 cucharada de salsa *tamari* sin gluten

1 cucharada de zumo de naranja

1 cucharadita de semillas de sésamo

Preparación

1. Cuece los fideos de arroz en agua unos 3 minutos o hasta que queden blandos (son muy rápidos de cocer).

2. Mezcla la *kale* con los brotes de alfalfa, los tomates *cherry*, la rúcula y los fideos de arroz. Seguidamente, agrega la salsa *tamari* y el zumo de naranja y remuévelo de nuevo.

3. Para terminar, espolvorea las semillas de sésamo por encima.

A 2 personas

🕐 15' preparación

⊗ fácil
○ normal
○ difícil

TOSTADAS SIN GLUTEN CON HUMMUS DE GARBANZOS

CENA

Preparación

1. Deja los garbanzos en remojo 12 horas (si los dejas remojando más tiempo, debes cambiar el agua). Después, cuécelos en una olla a fuego alto con suficiente agua. A los 10 minutos, si es necesario, quita la espuma que se forma encima y sigue cociéndolos hasta que queden blandos. Este proceso en olla normal puede durar hasta 1 hora y media. Si compras legumbre ya hervida, en 10 minutos tendrás el plato a punto.

2. En un procesador de alimentos, incorpora los garbanzos junto con el resto de ingredientes. Procésalo todo hasta que se forme el hummus.

3. Sírvelo sobre las tostadas sin gluten.

Ingredientes

½ taza de garbanzos

2 dientes de ajo pequeños

1 cucharada de ralladura de limón

1 cucharada de zumo de limón

½ taza de perejil fresco

2 tostadas sin gluten

👤 2 personas

🕓 105' preparación

⨂ fácil
○ normal
○ difícil

CENA

CREMA DE REMOLACHA

Ingredientes

1 remolacha

¼ de cebolla

1 diente de ajo

¼ de taza de caldo de verduras

½ taza de cilantro fresco

1 cucharada de cardamomo molido

1 taza de leche vegetal

Preparación

1. Sofríe el ajo y la cebolla picados en una sartén con el caldo de verduras hasta que se doren. Pica la remolacha y sofríela con el ajo y la cebolla.

2. Licúa todos los vegetales junto con la leche vegetal, el cilantro y el cardamomo. Sirve la crema en un plato hondo.

⊗ 2 personas

◔ 25' preparación

⊗ fácil
○ normal
○ difícil

COMIDA

👤 2 personas

🕐 55' preparación

○ fácil
○ normal
⊗ difícil

LASAÑA VEGETAL CON BECHAMEL DE COLIFLOR

Ingredientes

Láminas de lasaña sin gluten

1 calabacín

2 zanahorias

3 tomates

2 tazas de espinacas frescas

2 cucharadas de levadura nutricional

2 cucharadas de almendras trituradas

Salsa bechamel

Para la salsa bechamel de coliflor

½ coliflor

1 taza de leche de almendras

Nuez moscada

Pimienta

Sal marina

Preparación

1. Para la bechamel: mezcla la coliflor con el resto de ingredientes y tritúralo todo hasta conseguir una textura cremosa. Resérvala.

2. Pon a hervir las láminas de lasaña en agua unos 10 minutos o hasta que queden en su punto de cocción óptimo.

3. Corta las verduras en rodajas y mézclalas con la salsa bechamel.

4. Precalienta el horno a 200 °C.

5. En una bandeja de vidrio refractario, dispón las placas de lasaña alternadas con capas de verduras hasta formar la lasaña. Hornéala unos 25 minutos.

6. Cuando esté lista, crea un «queso parmesano» espolvoreándola con las almendras trituradas y la levadura nutricional.

PALITOS DE PEPINO Y PIMIENTO CON GUACAMOLE

CENA

Preparación

1. Para el guacamole, basta con machacar el aguacate junto con el tomate, la cebolla finamente picada y las especias hasta que no haya grumos.

2. Corta en tiras el pepino y el pimiento y acompáñalos con el guacamole.

Esta cena va acompañada de un entrante caliente, un consomé de verduras. Tienes la receta para prepararlo en la página 150 de este libro.

Ingredientes

½ pepino

½ pimiento rojo o amarillo

1 aguacate

El zumo de ½ limón

¼ de cebolla

1 tomate

½ cucharadita de sal del Himalaya

½ cucharadita de pimienta de Cayena

½ taza de cilantro fresco

⨂ 2 personas

🕐 15' preparación

⨂ fácil
◯ normal
◯ difícil

3.ª FASE
COME LIMPIO - *Raw*

«Traemos luz a este mundo no como fuente, sino como prisma: viene a través de nosotros.
Como la electricidad requiere un conducto, el espíritu se mueve a través de los seres humanos para tocar a los demás en momentos críticos».

– DAVID WOLPE

Cuanto más natural y pura es nuestra alimentación, más conectados a la fuente estamos. Nuestra creatividad se dispara, nuestros sentidos se amplifican y nuestra sensibilidad se agudiza.

¿Te animas? Esta última fase es para cuando quieras hacer una limpieza más profunda, cuando necesites nutrir bien el cuerpo, depurarlo, recuperar muchísima energía o simplemente quieras experimentar con una alimentación cruda.

Durante esta semana, casi todos los menús planteados son crudos, es decir, sus ingredientes no han estado sometidos a temperaturas superiores a 42-45 grados centígrados. De esta manera se conservan todos sus nutrientes, como las vitaminas y los minerales, y no se destruyen las enzimas activas. Es en su forma fresca y cruda cuando el alimento nos ofrece su mayor valor nutritivo.

Se trata de un estilo de alimentación muy sanador, altamente alcalino y que recomiendo en caso de necesitar un *reset* profundo del sistema. Verás que hasta media mañana no le estarás dando a tu cuerpo alimento que requiera digestión, y aun así será en forma de batido, lo que permitirá que el proceso natural de limpieza del cuerpo se extienda durante más horas. Tampoco encontrarás alimentos más densos, como los cereales o las legumbres, con lo que toda la energía que ahorras será para ti, para tus actividades diarias, para reparar tejidos y seguir depurando el organismo. Hay clientes que cuentan que durante las etapas en las que siguen un plan *raw* (crudo) les cuesta dormir o necesitan menos horas de sueño y se levantan con energía, puesto que el cuerpo no necesita repararse tanto durante la noche.

Comer 100 % crudo puede sonarte duro, un reto imposible. Pero te aseguro que el plan que te propongo es suave. Verás que las recetas están para chuparse los dedos y que no te va a costar nada seguirlo. Está pensado para que te enganches y, por supuesto, quedes satisfecho de la experiencia.

¡Estarás tan bien nutrido que no vas a tener ni un antojo!

Puedes seguir esta planificación tantas semanas como te sientas bien, aunque no recomiendo hacerla en épocas de frío. Si tu constitución es *Vata*, según la medicina tradicional ayurvédica, tampoco es muy recomendable, puesto que la naturaleza de los alimentos crudos es «aire-éter», lo que puede agudizar tus tendencias a *Vata* y desequilibrarte. Puede que quedándote en la fase COME LIMPIO *veggie* tengas suficiente para experimentar los beneficios y que incluso sea tu mejor opción . Así que, si te aventuras a probar la fase COME LIMPIO *raw* pero no acaba de encajar contigo, regresa a la fase 2 sin problema.

Si no necesitas perder peso sino ganarlo, puedes aumentar la cantidad de las comidas en todas las recetas.

Si no quieres repetir los mismos menús dos semanas seguidas, puedes ser creativo y modificar los ingredientes de algunos platos para variar un poco las recetas, siempre y cuando sigas todas las «reglas básicas» de esta fase:

- No consumir alimentos procesados ni empaquetados.

- No tomar refrescos ni bebidas con alcohol.

- No usar ningún tipo de salsa prefabricada.

- Usar la mínima cantidad de aceites vegetales.

- Eliminar la leche de vaca, cabra y oveja y sus derivados.

- No usar harinas ni azúcares refinados.

- Eliminar el gluten (cereales como el trigo, la cebada y el centeno).

- No consumir carnes procesadas, embutidos, carnes rojas ni carnes blancas.

- No consumir pescado ni mariscos.

- No consumir huevos.

- No tomar café.

- No consumir legumbres ni cereales a menos que sean lentejas germinadas y no más de un puñado por comida.

- Respetar la correcta combinación de los alimentos.

- Preferiblemente, comer todos los platos crudos o que el 70 % de su constitución así lo sea.

- Comprar todos los productos frescos en su forma orgánica, si es posible.

¿CÓMO PLANTEAMOS EL DÍA?

- Al despertar, lávate la lengua y los dientes antes de tomar tu agua tibia con zumo de limón, acompañada de los suplementos que estés tomando en ese momento. Dejaremos pasar unos 10-15 minutos antes de empezar a desayunar.

- Cada mañana cortarás tu ayuno suavemente con un zumo verde, como el que tienes en el recetario. Puedes encontrar más ideas en mi libro *Zumos verdes* o crear tus propios zumos verdes, pero siempre con la condición de que tengan hojas verdes y no uses más de una pieza de fruta.

- Para merendar, a media tarde, si sientes que se te antoja comer alguna cosita, puedes volver a prepararte un batido verde, comer un puñado de frutos secos o semillas, un buen pudín de chía o un vasito de leche vegetal con un poco de canela. En esta fase sí que es muy recomendable que, si tomas leche vegetal, esté elaborada en casa y sea lo más natural posible.

- Si eres de los que practica deporte por la tarde, puedes prepararte un batido energético antes de entrenar, al que le añadirás más frutos secos, semillas o aguacate o alguna crema de frutos secos, como la de almendras o cacahuete.

LISTA DE LA COMPRA
FASE 3

VERDURAS

10 dientes de ajo

8 calabacines

500 g de canónigos

100 g de espinacas *baby*

500 g de lechuga italiana

16 zanahorias

7 ramas de apio

1 cebolla morada

300 g de brotes de alfalfa

2 hojas de col

1 cebolla

150 g de perejil

70 g de eneldo

1 col

3 remolachas

300 g de cilantro

3 pepinos

50 g de hinojo

200 g de brócoli

2 lechugas romanas

500 g de espinacas

2 pimientos rojos

2 jícamas

200 g de albahaca

400 g de coliflor

2 pimientos amarillos

250 g de setas

1 puerro

400 g de champiñones

1 endivia

300 g de *kale*/col rizada

FRUTA

3 aguacates

11 limones

50 g de pasas

2 naranjas

15 aceitunas negras

10 dátiles

12 tomates

20 tomates *cherry*

GRANOS, LEGUMBRES Y CEREALES

300 g de anacardos/nueces de la India

375 g de semillas de girasol

275 g de nueces de California

50 g de semillas de chía

6 tostadas sin gluten (arroz, maíz, quinoa, garbanzos)

150 g de cacahuetes

100 g de avellanas

50 g de semillas de sésamo

ESPECIAS

Curri en polvo

Pimienta de Cayena

Sal del Himalaya

Orégano

Tomillo seco

Finas hierbas

Cilantro seco

Cúrcuma

Mostaza

Chile

Comino

Pimienta negra

Ajo en polvo

Hinojo

Raíz de jengibre

OTROS ALIMENTOS

60 ml de agua de coco

Chucrut crudo

Levadura nutricional

1 l de leche vegetal

Aceite de oliva extra virgen

100 g de pasta *tahina*

150 g de tofu orgánico

Pasta de miso

300 g de tomates deshidratados

Vinagre de arroz

150 g de salsa de tomate orgánica

500 ml de caldo de verduras

50 g de algas *wakame* secas

MENÚ SEMANAL
FASE 3

LUNES

DESAYUNO
Zumo verde

MEDIA MAÑANA
Batido verde

COMIDA
Espaguetis de calabacín
con salsa curri
+
Ensalada de hojas verdes

CENA
Sopa de zanahoria y
aguacate

MARTES

DESAYUNO
Zumo verde

MEDIA MAÑANA
Batido verde

COMIDA
Tacos de ensalada
en hojas de col

CENA
Ensalada de remolacha
marinada
+
Palitos de vegetales con *dip*
de nueces e hinojo

3

MIÉRCOLES

DESAYUNO
Zumo verde

MEDIA MAÑANA
Batido verde

COMIDA
Crema de brócoli cruda
con anacardos
+
Hamburguesa de tomates
secos con semillas

CENA
Ensalada con tostadas de
dip de zanahoria oriental

5

VIERNES

DESAYUNO
Zumo verde

MEDIA MAÑANA
Batido verde

COMIDA
Cuscús de coliflor
con verduras

CENA
Sopa de miso con
algas *wakame*
+
Wraps de col rellenos
con hummus de calabacín

7

DOMINGO

DESAYUNO
Zumo verde

MEDIA MAÑANA
Batido verde

COMIDA
Lasaña *raw* con salsa
marinara

CENA
Consomé de verduras
y setas
+
Tostadas de calabacín
con olivada

4

JUEVES

DESAYUNO
Zumo verde

MEDIA MAÑANA
Batido verde

COMIDA
Rollitos de calabacín
con «carnita» de nueces
+
Ensalada de dátiles y limón

CENA
Gazpacho con albahaca
+
Palitos de verduras
con *guacalacha*

6

SÁBADO

DESAYUNO
Zumo verde

MEDIA MAÑANA
Batido verde

COMIDA
Ensalada de endivias
con aderezo *ranch*

CENA
Pizza crudivegana

COMIDA

ESPAGUETIS DE CALABACÍN CON SALSA CURRI

Ingredientes

2 calabacines medianos

60 ml de agua de coco

100 g de anacardos

½ diente de ajo pequeño

¼ de aguacate pequeño

1-2 cucharadas de postre de curri en polvo (según lo intensa que desees la salsa)

Pimienta de Cayena

Sal del Himalaya

Cacahuetes troceados y cilantro o perejil (para decorar)

Preparación

1. Lava los calabacines, córtales las puntas y conviértelos en espaguetis usando un espiralizador o un pelador de patata.

2. Escalda los espaguetis de calabacín durante 2 minutos y resérvalos.

3. En una batidora, mezcla el resto de ingredientes y una pizca de cayena y de sal para crear la salsa; no debe quedar líquida, sino un poco espesa. Seguidamente, mezcla los espaguetis con la salsa.

4. Sírvelos en boles individuales y decóralos con cacahuetes troceados y una hoja de cilantro/perejil.

Acompaña este plato con una ensalada de hojas verdes: mezcla un poco de canónigos, espinacas *baby* y lechuga italiana picados, añádele semillas de girasol y adereza la ensalada con zumo de limón.

2 personas

25' preparación

○ fácil
⊗ normal
○ difícil

SOPA DE ZANAHORIA Y AGUACATE

Ingredientes

1 aguacate

4 zanahorias

1 rama de apio

¼ de cebolla morada

½ diente de ajo

1 cucharada de semillas de sésamo

1 y ½ tazas de agua

Sal

1 cucharadita de chucrut (para decorar)

1 taza de brotes de alfalfa (para decorar)

Preparación

1. Corta todos los ingredientes de la lista menos los brotes de alfalfa y el chucrut, que servirán para decorar el plato.

2. Dispón todos los ingredientes en una batidora con una pizca de sal y tritúralos hasta que no queden grumos. Puedes agregarle una cucharada de vinagre de manzana para aumentar la intensidad del sabor.

3. Para terminar, decora la sopa con el chucrut y la alfalfa por encima.

⊘ 2 personas

🕐 10' preparación

⊗ fácil
○ normal
○ difícil

TACOS DE ENSALADA EN HOJAS DE COL

Preparación

1. Procesa las semillas de girasol junto con el zumo de limón y el alga nori. Transfiere esta mezcla a un recipiente y agrega los demás ingredientes, a excepción de las hojas de col.

2. Mézclalo todo bien. Ya tienes a punto el relleno de ensalada con sabor a alga nori.

3. Haz *tacos* con las hojas de col rellenándolas con la ensalada.

Ingredientes

¾ de taza de semillas de girasol (remojadas en agua 2 horas y escurridas)

1 hoja de alga nori cortada en pequeñas piezas

¼ de taza de zumo de limón

¼ de cucharadita de sal del Himalaya

¼ de cebolla blanca picada

½ taza de apio picado

¼ de taza de perejil picado

¼ de taza de eneldo fresco picado

2 cucharadas de levadura nutricional

Hojas de col

2 personas

20' preparación

○ fácil
⊗ normal
○ difícil

207

DÍA

2

MARTES

CENA

ENSALADA DE REMOLACHA MARINADA

Ingredientes

2 remolachas ralladas

1 cucharada de pasas

El zumo de 1 naranja

El zumo de ½ limón

Cilantro o perejil (para decorar)

Preparación

1. Mezcla todos los ingredientes (con excepción del cilantro o perejil que utilizarás al emplatar) dentro de un bol y déjalos en reposo marinando durante un mínimo de 20 minutos.

2. Sirve la mezcla a modo de ensalada y decórala con cilantro o perejil.

2 personas

35' preparación

⊗ fácil
○ normal
○ difícil

PALITOS DE VEGETALES CON *DIP* DE NUECES E HINOJO

Ingredientes

½ pepino

1 zanahoria

1 tallo de apio

Para el *dip*

½ taza de nueces de California (remojadas 2 horas y escurridas)

½ diente de ajo

Un trozo pequeño de hinojo

Preparación

1. Para elaborar el *dip*, procesa las nueces con el ajo y el hinojo. Si es necesario, agrega agua para mejorar la consistencia (al gusto).

2. Corta el pepino, la zanahoria y el apio en tiras y mójalos en el *dip*.

A 2 personas

⏱ 15' preparación

⊗ fácil
○ normal
○ difícil

CREMA DE BRÓCOLI CRUDA CON ANACARDOS

Preparación

1. Si no lo hiciste previamente, pon las nueces de la India (anacardos) a remojar en agua caliente durante unos 20 minutos.

2. Corta y limpia con abundante agua las flores de brócoli. Pela el diente de ajo y quédate solo con una mitad.

3. Pon todos los ingredientes en un vaso de batidora y licúalos hasta obtener una crema uniforme. Ya está lista para comer.

Ingredientes

2 tazas de flores de brócoli crudas

½ diente de ajo

1 cucharadita de tomillo seco

1 cucharadita de finas hierbas

1 taza de leche vegetal

½ taza de nueces de la India (anacardos), remojadas 20 minutos en agua caliente

Agua (opcional para lograr una consistencia más líquida, si se prefiere)

2 personas

15' preparación

⊗ fácil
○ normal
○ difícil

HAMBURGUESA DE TOMATES SECOS CON SEMILLAS

Ingredientes

1 taza de tomates secos (rehidratados)

¾ de taza de semillas de girasol (remojadas 2 horas)

2 cucharadas de chía

1 cucharada de mezcla de especias (cilantro seco, cúrcuma, mostaza, chile, comino, pimienta negra, ajo en polvo, sal de mar, hinojo)

Hojas de lechuga romana como tapas de la hamburguesa

Preparación

1. Procesa todos los ingredientes, menos las hojas de lechuga, hasta formar una pasta de la consistencia deseada.

2. Seguidamente, con tus manos, forma las hamburguesas y colócalas en medio de dos hojas de lechuga.

♟ 2 personas

◷ 15' preparación

⊗ fácil

◯ normal

◯ difícil

Come los alimentos lo más natural y menos procesados posible. De la granja a la mesa; lo más parecido al alimento que la naturaleza nos ofrece. De estos alimentos, el cuerpo es capaz de aprovechar todos los nutrientes porque los reconoce. **Recuerda, los alimentos reales no tienen etiqueta.**

ENSALADA CON TOSTADAS DE *DIP* DE ZANAHORIA ORIENTAL

Preparación

1. Para el *dip* de zanahoria oriental: hornea la zanahoria y el ajo con un poquito de aceite de oliva, sal y pimienta durante unos 30 minutos o hasta que estén blandos y un poco doraditos. Déjalos enfriar. Una vez fríos, dispón todos los ingredientes en un procesador de alimentos con el resto de condimentos (una pizca) y tritúralo todo hasta obtener una pasta que sea cremosa.

2. Pica las verduras en la forma que más te guste (te recomiendo jugar con las figuras y darles un estilo diferente) y mézclalas todas.

3. Unta las tostadas con el *dip* de zanahoria oriental.

Ingredientes

1 taza de canónigos

1 taza de espinacas

1 taza de lechuga italiana

½ pepino

½ pimiento rojo

3 tostadas sin gluten

3 cucharadas de *dip* oriental

Pimienta negra

Para el *dip* de zanahoria

450 g de zanahorias peladas y cortadas

1 diente de ajo pelado

1 cucharada de aceite de oliva

1 cucharada de salsa *tahina*

El zumo de ½ limón

Comino

Pimienta de Cayena

Sal

Pimienta

♟ 2 personas

🕒 45' preparación

◯ fácil
⊗ normal
◯ difícil

COMIDA

ROLLITOS DE CALABACÍN CON «CARNITA» DE NUECES

Ingredientes

1 calabacín o jícama en láminas

¾ de taza de nueces de California

1 cucharada de zumo de limón

Pimienta de Cayena

Preparación

1. Procesa las nueces, con el zumo de limón y una pizca de cayena para formar una especie de «carnita» vegana.

2. Corta a láminas el calabacín o la jícama.

3. Dispón la «carnita» vegana en las láminas de calabacín o jícama y enróllalas para formar los rollitos.

Para completar la cena, prepara también una ensalada de dátiles y limón. Para ello, mezcla hojas de lechugas mixtas, un poco de pepino a dados, apio picado y 3 o 4 dátiles a trocitos. Alíñalo con un poco de zumo de limón.

⊖ 2 personas

⏱ 25' preparación

○ fácil
○ normal
⊗ difícil

GAZPACHO CON ALBAHACA

Ingredientes

3 tazas de tomates picados

¼ de cebolla picada

1 diente de ajo pequeño

½ pimiento rojo

½ pepino pelado y picado

4 hojas de albahaca

Pimienta negra

½ cucharadita de pimienta de Cayena

Preparación

1. Dispón todos los ingredientes picados en una batidora y agrega la cayena y una pizca de pimienta negra. Procésalo todo hasta que quede un gazpacho uniforme y sin grumos.

2. Consérvalo en la nevera antes de servirlo para que esté más fresco.

 2 personas

🕐 15' preparación

⊗ fácil

◯ normal

◯ difícil

PALITOS DE VERDURAS CON GUACALACHA

Preparación

1. Para elaborar el *guacalacha*, un guacamole que lleva remolacha, machaca este ingrediente junto con el aguacate, el tomate, la cebolla (finamente picada) y las especias. Aprieta bien con el tenedor hasta que no haya grumos.

2. Corta el pepino y el pimiento amarillo en tiras y acompáñalas con el *guacalacha*.

Ingredientes

1 pepino

1 pimiento amarillo

½ aguacate

½ raíz de remolacha hervida

El zumo de ½ limón

¼ de cebolla

1 tomate

½ cucharadita de sal del Himalaya

½ cucharadita de pimienta de Cayena

½ taza de cilantro fresco

八 2 personas

🕐 15' preparación

⊗ fácil
○ normal
○ difícil

CUSCÚS DE COLIFLOR CON VERDURAS

Ingredientes

½ cabeza de coliflor

2 cucharadas de pasas

1 cucharada de zumo de limón

1 cucharada de zumo de naranja

⅓ de aguacate

½ pimiento amarillo picado

½ taza de cilantro picado

1 zanahoria en cubitos

5 tomates *cherry* en mitades

Preparación

1. Pica finamente o procesa la coliflor y mézclala con el resto de los ingredientes con excepción de los zumos y el aguacate.

2. Mezcla el aguacate con el zumo de limón y el zumo de naranja.

3. Para terminar, adereza el cuscús con la mezcla de aguacate y cítricos.

A 2 personas

25' preparación

○ fácil
⊗ normal
○ difícil

CENA

WRAPS DE COL RELLENOS CON HUMMUS DE CALABACÍN

Ingredientes

2 hojas de col

½ remolacha pequeña

½ zanahoria

8 tomates *cherry*

½ taza de brotes de alfalfa

Para el hummus de calabacín

½ calabacín grande

1 cucharada de *tahini*

El zumo de ½ limón

½ diente de ajo

Sal marina

½ cucharada de aceite de oliva

Comino y pimentón (para condimentar)

Preparación

1. En un procesador de alimentos, tritura todos los ingredientes del hummus hasta conseguir la textura deseada. Condiméntalo con un poco de comino y de pimentón.

2. Corta la remolacha y la zanahoria en bastoncitos y los tomates *cherry* por la mitad.

3. Extiende las hojas de col para montar los *wraps*. Si el nervio de la col fuera muy grueso, puedes rebajarlo con un cuchillo. Reparte una cucharada sopera de hummus sobre la hoja de col y coloca encima los bastoncitos de remolacha y zanahoria y un puñadito de *cherrys*.

4. Enrolla los *wraps*.

Para completar la cena, acompaña este plato con una sopa de miso, siguiendo la receta de la página 159.

2 personas

25' preparación

○ fácil
⊗ normal
○ difícil

ENSALADA DE ENDIVIAS CON ADEREZO *RANCH*

Preparación

1. Para el aderezo *ranch*: bate todos los ingredientes en un procesador de alimentos y ya estará listo.

2. En un bol, mezcla el calabacín, el tomate, el pepino, los champiñones y los dátiles con el aderezo *ranch*.

3. Dispón las hojas de endivias como si fueran platos hondos y rellénalas con la mezcla de verduras y *ranch*.

4. Finalmente, espolvoréalas con la chía y los cacahuates.

Ingredientes

4 hojas de endivias

½ calabacín picado

1 tomate picado

½ pepino picado

½ taza de champiñones picados

4 dátiles picados

1 cucharada de chía

3 cucharadas de cacahuetes triturados

Aderezo *ranch*

½ taza de anacardos

1 diente de ajo asado

½ taza de leche de almendras

2 cucharadas de vinagre de arroz

El zumo de ½ limón

¼ de cebolla morada

2 cucharaditas de mezcla de comino, tomillo y finas hierbas

1 cucharadita de pasta de miso blanco

2 dátiles sin hueso

Perejil fresco picado

Eneldo fresco picado

2 personas

30' preparación

○ fácil
⊗ normal
○ difícil

CENA

2 personas

30' preparación

○ fácil
○ normal
⊗ difícil

224

PIZZA CRUDIVEGANA

Ingredientes

1 jícama en rodajas de 1-2 cm de grosor (si no encuentras la jícama puedes usar calabacín)

½ de taza de pasta de tomate

4 aceitunas picadas

½ pimiento rojo

1 taza de *kale* (col rizada) sin tallo

1 cucharada de orégano

1 taza de nueces de la India (remojadas 20 minutos en agua caliente y escurridas)

3 cucharadas de levadura nutricional

El zumo de ½ limón

1 diente de ajo pequeño

Preparación

1. Corta la jícama a rodajas de 1-2 centímetros y utilízalas como base para las *pizzas*. Unta por encima la pasta de tomate y agrega las verduras picadas.

2. Para el queso crudivegano, bate las nueces de la India (anacardos), la levadura nutricional, el zumo de limón y el diente de ajo. Esparce el queso sobre la *pizza* y las verduras y espolvorea el orégano seco por encima.

LASAÑA *RAW* CON SALSA *MARINARA*

Ingredientes

1 calabacín
en láminas

1 taza de
champiñones
picados

2 zanahorias

1 taza de canónigos

2 tazas de lechugas
mixtas

3 cucharadas de
levadura nutricional

2 cucharadas de
avellanas trituradas

Para la salsa *marinara*

5 tomates

½ taza de tomates
deshidratados
(remojados en
agua 30 minutos
y escurridos)

1 diente de ajo

1 cucharada de
orégano seco

1 cucharada de
albahaca seca

½ cucharadita
de pimienta negra

½ taza de hojas
de albahaca fresca

Preparación

1. Para la salsa *marinara*: bate todos los ingredientes en la licuadora y ya tienes la salsa preparada.

2. Mezcla las verduras (todas menos el calabacín) con la salsa *marinara*. Reserva un poco de salsa para el final.

3. Haz un queso vegano con las avellanas y dos cucharadas de levadura nutricional y agrégalo a la mezcla que acabas de preparar.

4. Dispón las láminas de calabacín de tres en tres para formar una capa y, entre cada capa, agrega la mezcla de verduras con salsa *marinara* y el queso de avellanas. Al final incorpora más salsa *marinara* y espolvoréalo con levadura nutricional.

 2 personas

 40' preparación

 fácil
 normal
 difícil

226

Los alimentos densamente nutritivos son muy ricos en vitaminas, minerales alcalinos (calcio, magnesio, potasio y sodio), antioxidantes, fitoquímicos y fibra. **Es en las frutas, verduras y hortalizas donde encontramos la mayor concentración de micronutrientes, y cuando su pigmentación es más potente y variada es señal de mayor cantidad de antioxidantes.**

TOSTADAS DE CALABACÍN CON OLIVADA

DÍA 7

DOMINGO

CENA

Ingredientes

1 calabacín en rodajas ligeramente gruesas

½ taza de aceitunas negras

½ diente de ajo

½ cucharadita de aceite de oliva

1 cucharada de semillas de sésamo

Preparación

1. Para hacer la olivada, procesa todos ingredientes menos el calabacín y las semillas de sésamo.
2. Unta la olivada en las rodajas de calabacín y espolvoréalas con semillas de sésamo.

Acompaña este plato con un consomé de verduras. Tienes la receta en la página 150.

2 personas

15' preparación

(X) fácil
( ) normal
( ) difícil

Recetas
adicionales

« Vivir es lo más raro del mundo. La mayoría de las personas solo existen».

– OSCAR WILDE

Conocer tu «verdadero norte» te da el coraje para enfocar tu energía hacia donde tú crees que debe ir. Sal de lo normal, haz cosas fuera de lo encasillado, sin miedo, y escucha lo que tu cuerpo y tu alma te piden realmente. Nútrete con alimentos primarios que te llenen y, si te apetece, también con estos «alimentos secundarios» a los que puedes recurrir siempre que quieras un capricho, estés en la fase que estés. Te propongo estas recetas para llenarte de energía de buena mañana, disfrutar de una buena merienda o un delicioso postre o acompañar tus platos con algo especial, siempre siguiendo la filosofía COME LIMPIO.

ZUMO VERDE

Preparación

1. Lava todos los ingredientes y córtalos en tiritas tan finas como sea necesario para que pasen por la boca del extractor.

2. Si la manzana y el pepino son orgánicos, no hace falta pelarlos. En caso contrario, sí que es aconsejable.

Ingredientes

Un puñado de hojas verdes (espinacas, lechuga, diente de león, *kale*)

2 ramas de apio

½ pepino

½ manzana verde

Un trocito de jengibre (del tamaño de la uña del pulgar)

⛖ 1 persona

🕒 15' preparación

⊗ fácil
○ normal
○ difícil

BATIDO VERDE

Preparación

1. Lava bien todos los ingredientes y córtalos a trocitos para que resulte más fácil su trituración.

2. Si el pepino es orgánico no hace falta pelarlo. De lo contrario, sí que es aconsejable hacerlo.

Ingredientes

Un puñado de hojas verdes (espinacas, lechuga, diente de león, *kale*)

1 plátano

Un puñado de arándanos

½ pepino

2 cucharadas de semillas de cáñamo

1 y ½ vasos de agua de coco

⛖ 1 persona

🕒 10' preparación

⊗ fácil
○ normal
○ difícil

CHUCRUT CRUDO

Ingredientes

½ col blanca
o col lombarda

Sal del Himalaya

Agua de manantial

Preparación

1. Reserva las hojas más grandes y externas de la col.

2. Corta a tiras muy finas media cabeza de col, ponlas en un bol y sálalas generosamente.

3. Pon las tiras de col en botes de cristal o cerámica y presiónalas bien con los dedos o una espátula para que no quede aire entre las hojas. Llena el bote hasta dejar un dedo de grosor vacío.

4. Añade el agua solo hasta cubrir la col.

5. Haz rollitos con las hojas enteras que habías reservado y ponlos encima de las tiras de col hasta llenar todo el espacio libre. Puede ser que los rollitos entren en contacto con el oxígeno y les salgan manchitas negras. Si es así, al abrir el bote los descartaremos.

6. Cierra el bote herméticamente y consérvalo en un lugar seco a unos 21-23 °C, de 3 días a 1 semana, para que fermente y obtenga su sabor fuerte y un poco picante. Sabrás que está fermentando porque verás burbujitas en el tarro.

7. Abre el bote, retira los rollitos y guarda el chucrut en la nevera. Se puede conservar durante meses. Disfrútalo en tus ensaladas, como guarnición de un plato principal, etc.

○ (en función del uso)

🕐 25' preparación

○ fácil
⊗ normal
○ difícil

LECHE DE AVELLANA

Ingredientes

1 taza de avellanas

½ litro de agua fría (2 tazas)

1 dátil (opcional para endulzar)

Sal de mar

Preparación

1. Deja las avellanas en remojo en agua toda la noche (8 horas). Después, tira el agua de las avellanas y enjuágalas.

2. Dispón las avellanas y el dátil en la licuadora con una pizca de sal y mézclalos con el agua fría. El agua que incorpores dependerá de la consistencia que quieras lograr; te recomiendo que la viertas poco a poco y vayas probando.

3. Cuando todo esté muy bien mezclado, pasa la leche por un colador para separar el líquido de la fibra de las avellanas y el dátil. ¡No lo tires porque puedes usarlo para hacer postres, quesos veganos y más recetas!

2 personas

15' preparación

fácil

normal

difícil

PUDÍN DE CHÍA

Preparación

1. Bate la leche de almendras con el plátano y el extracto de vainilla.

2. A continuación, agrega las semillas de chía y mézclalo todo bien.

3. Déjalo en reposo en el frigorífico unas 8 horas.

Ingredientes

250 ml de leche de almendras

2 cucharadas de semillas de chía

1 plátano (opcional)

½ cucharadita de té de esencia de vainilla (opcional)

○ 2 personas

🕐 15' preparación

⊗ fácil
○ normal
○ difícil

TRUFAS DE CHOCOLATE CON CÍTRICOS

Preparación

1. Dispón todos los ingredientes en un procesador de alimentos o batidora hasta que se integren perfectamente.

2. Haz bolitas con las manos, unas 15 unidades o hasta terminar la masa.

3. Finalmente, rebózalas con cacao.

Ingredientes

1 taza de dátiles Medjool sin hueso (200 g)

1 taza de anacardos triturados (50 g)

2 cucharadas de cacao en polvo + 1 extra para rebozar

1 cucharada de zumo de naranja o limón

○ 2 personas

🕐 30' preparación

⊗ fácil
○ normal
○ difícil

TARTA DE ZANAHORIA CON PECANAS

Ingredientes

3 tazas de zanahoria rallada

1 taza de almendras (remojadas durante 24 horas)

½ taza de nueces pecanas y un puñado para la decoración

1 taza de dátiles sin hueso (12-14 grandes)

½ taza de coco rallado deshidratado

½ taza de copos de avena

2 cucharadas de aceite de coco crudo

2 cucharaditas de canela

¼ de taza de agua

Para la cobertura de «azúcar»

1 y ½ tazas de anacardos

2 cucharadas de agua

2 cucharadas de sirope de arce

2 cucharaditas de extracto de vainilla

Preparación

1. Tritura todos los ingredientes de la tarta hasta que quede una pasta homogénea.

2. Seguidamente, vierte la masa en un molde para tartas y alísala.

3. Para la cobertura de «azúcar», tritura todos los ingredientes y, con una espátula, reparte la cobertura sobre la tarta.

4. Decora la tarta con nueces pecanas u otra fruta de temporada y guárdala en el frigorífico durante mínimo 2 horas antes de servirla, para que adquiera una textura más firme.

2 personas

45' preparación

○ fácil
○ normal
⊗ difícil

TARTA DE *MOUSSE* DE LIMA

Ingredientes

1 taza de avellanas

½ taza de coco rallado

8 dátiles Medjool

La piel de ½ lima rallada

Sal

Para el relleno

5 aguacates maduros

La piel de ½ lima rallada

El zumo de 6 limas

75 ml de sirope de arce

Sal

Preparación

1. Tritura las avellanas hasta que estén granuladas pero sin llegar a ser harina.

2. Deshuesa y tritura los dátiles hasta obtener una masa pegajosa.

3. En este punto, dispón todos los ingredientes en un bol y amásalos con las manos.

4. Transfiere la mezcla a un molde para tarta.

5. Para el relleno, pela y deshuesa los aguacates. Dispón todos los ingredientes en la batidora y tritúralos hasta obtener una crema homogénea.

6. Vierte el relleno sobre la base de dátil y avellana.

7. Deposita la tarta en el congelador durante 1 hora y, antes de servirla, procura tenerla a temperatura ambiente de 15 a 20 minutos.

⤷ 2 personas

🕐 35' preparación

○ fácil
⊗ normal
○ difícil

CANASTITAS CON *MOUSSE* DE CHOCOLATE

Ingredientes

Para las canastillas

1 plátano

1 taza de copos de avena

1 cucharada de aceite de coco

*Se necesitan moldes de silicona (tamaño madalenas) para hornear

Para la *mousse*

2 plátanos maduros congelados

300 ml de leche de almendras

90 g de crema de cacahuete

2 cucharadas de cacao en polvo

½ cucharadita de té, de extracto de vainilla

Preparación

1. Para las canastitas: Tritura el plátano con un tenedor. Agrégale la taza de avena y la cucharada de aceite de coco. Remuévelo hasta integrar bien todos los ingredientes. Rellena los moldes de silicona y, con un tenedor, dales la forma de canastitas. Para terminar, introduce los moldes en el horno a 180 °C durante 10 minutos.

2. Mientras, dispón todos los ingredientes de la *mousse* en una batidora y tritúralos hasta tener una crema homogénea.

3. Introduce la *mousse* en una manga pastelera (o simplemente con una cuchara) y rellena las canastitas.

◯ 2 personas

◷ 30' preparación

◯ fácil
⊗ normal
◯ difícil

ÍNDICE DE RECETAS

A

Amaranto inflado con semillas y arándanos 138
Arroz salvaje con judías verdes y cebollino 129
Avena con chocolate, canela y dátiles 128

B

Batido verde 231
Brochetas de calamar y salsita de ajo y perejil 158

C

Canastitas con *mousse* de chocolate 240
Chucrut crudo 232
Claras *caprese* con espinacas 152
Consomé de verduras y setas 150
Crema de brócoli cruda con anacardos 211
Crema de coliflor con nuez moscada 136
Crema de guisantes con comino 176
Crema de lentejas con especias 184
Crema de remolacha 192
Crema de zanahoria, jengibre y curri 172
Cuscús de coliflor con verduras 220
Cuscús de mijo con verduras y pasas 149

E

Ensalada con tostadas de *dip* de zanahoria oriental 215
Ensalada de dátiles y limón 216
Ensalada de endivias con aderezo *ranch* 223
Ensalada de fideos de arroz con salsa *tamari* 190
Ensalada de frijoles y verduras con salsa de mostaza 186
Ensalada de hojas verdes 204
Ensalada de remolacha marinada 208
Ensalada de rúcula y espinacas 146
Ensalada tibia de lentejas con salsa dulce 140
Ensalada de lentejas con remolacha y *tahina* 170
Espaguetis de calabacín con salsa curri 204

G

Gazpacho con albahaca 218

H

Hamburguesas de arroz y remolacha 174
Hamburguesa de quinoa y zanahoria a la plancha 144
Hamburguesa de tomates secos con semillas 212
Hummus de judías blancas en tostadas sin gluten 154

L

Lasaña *raw* con salsa *marinara* 226
Lasaña vegetal con bechamel de coliflor 194
Leche de avellana 234

M

Medallón de atún sellado con especias 137
Muesli sin gluten con leche vegetal y avena 148

P

Palitos de pepino y pimiento con guacamole 195
Palitos de vegetales con *dip* de nueces e hinojo 210
Palitos de verduras con *guacalacha* 219
Parrillada de verduras con salsa romesco 141
Pescado al vapor con romero y brócoli 151
Pimiento a la mexicana con quinoa y verduras 134
Pizza crudivegana 224
Pizza de alcachofas y tomates secos 155
Pizza vegetal con base de coliflor 188
Pudín de chía 235

Q

Quinoa al coco con verduras 182

R

Rollitos de calabacín con «carnita» de nueces 216

S

Setas con verduras salteadas y chucrut 183
Smoothie bowl de verduras y frutas 156
Sopa de miso con algas *wakame* 159
Sopa de zanahoria y aguacate 206

T

Tacos de ensalada en hojas de col 207
Tacos de lechuga con garbanzos y tomate 130
Tajín de garbanzos y verduras 178
Tarta de *mousse* de lima 238
Tarta de zanahoria con pecanas 236
Tempeh marinado con verduras salteadas 171
Torre de vegetales con salsa de tomate 177
Tortilla de huevos con setas y espárragos 147
Tortitas sin gluten con crema de cacahuate y mermelada 142
Tortitas sin gluten con guacamole 133

Tostadas sin gluten con hummus de garbanzos 191
Tostadas de calabacín con olivada 229
Tostadas con paté de algas 180
Trufas de chocolate con cítricos 235

V

Verduras braseadas con salsa de aguacate 157

W

Wraps de col rellenos con hummus de calabacín 222
Wraps (rollitos) de nori 160

Z

Zumo verde 231

ÍNDICE DE INGREDIENTES

A

acai, 55
aceite, 69, 73, 90, 122, 164, 199
    de coco, 92, 236, 240
    de girasol, 38
    de oliva, 141, 152, 215, 222, 229
    de oliva virgen extra, 140, 158
    de pescado, 73
    de sésamo, 38
aceituna, 38, 40, 69, 93, 224
    negra, 155, 188, 229
acelgas, 38, 157
agave, sirope de, 70
agua, 26, 81, 82, 86, 88, 140, 141,
    155, 206, 211, 236
    de coco, 67, 89, 156, 204, 231
    de manantial, 232
aguacate, 38, 40, 47, 69, 80, 86,
    90, 93, 123, 133, 157, 165, 196,
    199, 204, 206, 219, 220, 238
ajo, 47, 136, 141, 150, 154, 158,
    178, 184, 191, 192, 204, 206,
    210, 211, 215, 218, 222, 224,
    226, 229,
    asado, 223
    en polvo, 144, 174, 188, 212
albahaca, 69, 152, 177, 188,
    218, 226
alcachofa, 119, 155
alcohol, 71, 122, 164, 199
alfalfa, brotes de, 93, 130, 160,
    190, 206, 222
alga, 38, 51, 67, 73, 82, 93
    espirulina, 47, 119
    kombu, 62, 67
    nori, 67, 160, 207
    wakame, 47, 62, 67, 159, 180
almendra, 38, 47, 90, 123, 141,
    165, 194, 199, 236
    leche de, 194, 223, 235, 240
amaranto, 38, 47, 57, 60, 90, 138
anacardo (nuez de la India), 38,
    64, 172, 180, 204, 211, 223, 224,
    235, 236
anís, 63, 119
apio, 38, 57, 89, 92, 134, 150, 183,
    184, 206, 207, 210, 231

arándanos, 56, 123, 138, 148,
    231
arce, sirope de, 70, 148, 186,
    236, 238
arroz, 38, 47
    fideos de, 190
    inflado, 156
    integral, 57, 71, 89, 90, 92, 174
    salvaje, 57, 129
    tortitas de, 90, 94, 133, 142
    vinagre de, 223
atún, 47, 137
avellana, 38, 47, 64, 141, 226,
    234, 238
    leche de, 138
avena, 38, 47, 89, 128, 148, 155,
    236, 240
azafrán, 69

B

baobab, 56
bayas
    de Goji, 56
    incas, 56
berenjena, 38, 92, 177, 188
bok choy, 38, 48
boniato, 38, 40, 57, 90
brócoli, 38, 47, 48, 56, 92, 134, 182
    flores de, 151, 211

C

cacahuete, 38, 47, 48, 223
    crema de, 90, 142, 199, 240
cacao
    nibs de, 94, 148, 156
    en polvo, 128, 235, 240
café, 23, 89, 90, 107, 164, 199
calabaza, 38, 90
    pipas de, 38, 48, 64, 92, 93
calabacín, 38, 141, 150, 157, 171,
    183, 194, 204, 216, 222, 223,
    226, 229
calamar, 47, 158
caldo de verduras, 136, 137,
    150, 171, 178, 182, 184, 192
canela, 69, 94, 123, 128, 138, 148,
    165, 199, 236

canónigos, 140, 215, 226
cáñamo, semillas de, 48, 64,
    93, 231
caqui, 38
cardamomo en polvo, 138, 192
cardo mariano: 119
carne, 38, 41, 47, 86, 99, 100, 122,
    164, 199
    blanca, 93, 98, 122, 164, 199
    roja, 93, 98, 122, 164, 199
castaña, 47
cebada, 47, 57, 90, 122, 164, 199
cebolla, 93, 133, 134, 147, 150,
    157, 171, 172, 176, 184, 192,
    196, 218, 219
    blanca, 207
    morada, 140, 144, 174, 177,
    178, 206, 223
cebollino, 129, 182, 183
centeno, 38, 47, 57, 90, 122,
    164, 199
cereza, 38, 57
champiñón, 141, 160, 182, 223,
    226
chía, 47, 48, 63, 93, 94, 119, 123,
    155, 144, 148, 165, 174, 199,
    212, 223, 235
chile serrano, 134, 212
chirimoya, 38
chirivía, 38
chocolate, 47, 94, 123, 165
chucrut, 183, 206
cilantro, 130, 133, 170, 174, 178,
    184, 186, 192, 196, 204, 208,
    212, 219, 220
clavo, 174
coco, 38, 70
    aceite de, 92, 236, 240
    agua de, 67, 89, 156, 204, 231
    rallado, 148, 156, 182, 236, 238
    néctar de, 70
col, 38, 56, 89, 207, 222, 236
    de Bruselas, 47, 56
    lombarda, 56, 92
coliflor, 47, 56, 136, 182, 188,
    194, 220
    flores de, 157

comino, 144, 147, 154, 176, 178, 212, 215, 222, 223
cúrcuma, 56, 69, 89, 178, 212
curri, 172, 184, 204

D
dátiles, 38, 94, 128, 223, 234, 236
  Medjool, 235, 238
diente de león, 231

E
endivia, 223
eneldo, 172, 174, 207, 223
espárrago, 47, 93, 137, 147
espelta, 57, 89
espinacas, 47, 48, 57, 89, 92, 140, 152, 156, 188, 194, 215, 231
  baby, 146
estevia, 70, 71

F
finas hierbas, 137, 211, 223
frambuesa, 55, 56, 123, 142
fresa, 38, 56, 57, 89, 123
frijoles negros, 186
fruta/frutos, 38, 40, 51, 80, 81, 86, 93, 94, 165
  secos, 38, 40, 48, 63, 69, 81, 89, 93, 93, 123, 165, 199
  silvestres/rojos, 38, 56, 89

G
gamba, 47
garbanzos, 38, 47, 90, 130, 178, 191
girasol
  semillas de, 38, 48, 64, 93, 138, 148, 156, 180, 207, 212
  aceite de, 38
Goji, bayas de, 56
granada, 56
guaba, 56
guisantes, 47, 176

H
haba, 38, 47, 90
higo, 38, 70
hinojo, 63, 210, 212

huevo, 38, 41, 47, 49, 93, 147, 152, 165, 199
hummus, 44, 92, 93, 165

I
infusión, 63, 70, 89, 90, 94, 107, 118, 119, 123, 165

J
jengibre, 68, 89, 119, 136, 159, 172, 178, 231
jícama, 216, 224
judía
  blanca, 154
  pinta, 47
  seca, 90
  verde, 149, 129

K
kale, 38, 47, 48, 141, 190, 224, 231
kéfir, 67
kimchi, 67
kiwi, 56, 89, 123
kombucha, 67, 81

L
lasaña, láminas de, 194
laurel, 69, 140, 182, 184
leche, 38, 47, 50, 81, 122, 164, 199
  de almendra, 194, 223, 235, 240
  de avellana, 138
  de cabra, 47, 122, 164, 199
  vegetal, 89, 90, 94, 123, 148, 155, 165, 172, 192, 199, 211
lechuga, 38, 48, 89, 90, 186, 226, 231
  italiana, 140, 146, 215
  orejona, 130, 140
  romana, 212
lentejas, 38, 47, 48, 90, 92, 140, 170, 184
levadura
  nutricional, 155, 188, 194, 207, 224, 226
  en polvo, 155
lima, 38, 56
  ralladura de, 238
  zumo de, 238

limón, 36, 38, 56, 88, 89, 93
  ralladura de, 154, 191
  zumo de, 130, 133, 149, 151, 154, 157, 160, 170, 178, 180, 186, 196, 207, 208, 215, 216, 219, 220, 222, 223, 224, 235
linaza (semillas de lino), 38, 48, 64, 73, 119, 128, 188
lúcuma, 70

M
maíz, 38, 47, 90
  tortitas de, 90, 94, 133, 141, 142
mandarina, 123
mango, 38
mangostán, 56
mantequilla, 38
manzana, 38, 57, 89
  verde, 231
  vinagre de, 140, 176, 186
margarina, 38
marisco, 86, 93, 164, 199
melaza, 70
melocotón, 57
melón, 38, 80, 82
miel, 70, 140
mijo, 57, 90, 92, 149
miso, 93, 159, 160, 177, 183, 223
mora, 56, 123, 156
moringa, 56
mostaza, 48, 212
  semillas de, 144, 186
muesli, 89

N
naranja, 38, 56, 123
  zumo de, 146, 190, 208, 220, 235
nectarina, 57
nuez, 38, 47, 64, 148
  de Brasil, 64
  de California, 210, 216
  de la India, 38, 64, 172, 180, 204, 211, 223, 224, 235, 236
  pecana, 236
  moscada, 136, 194

Ñ

ñoras, 141

O

olivada, 90
orégano, 68, 155, 188, 224, 226

P

pan, 38, 90
pasa, 149, 178, 208, 220
papaya, 38, 56, 80, 89, 123
pasta, 38, 90
patata, 38, 40, 57, 90, 147
pepino, 38, 89, 156, 186, 196,
   210, 215, 218, 219, 223, 231
perejil, 69, 89, 144, 150, 158, 191,
   204, 207, 208, 223
pescado, 38, 41, 49, 86, 164, 199
   azul, 93
   blanco, 93, 151
pera, 38, 57
pimentón, 222
pimienta, 69, 194, 215
   blanca, 182
   cayena, 130, 133, 178, 196,
   204, 215, 216, 218, 219
   negra, 129, 137, 151, 152, 177,
   212, 215, 218, 226
   paprika, 141, 154, 178
pimiento
   amarillo, 92, 177, 188, 196, 219,
   220
   morrón, 182
   rojo, 141, 149, 171, 183, 196,
   215, 218, 224
   verde, 134, 157, 178
piña, 38, 80
piñón, 47, 64
pistacho, 47, 64
plátano, 38, 47, 89, 94, 156, 231,
   235, 240
pomelo/toronja, 38, 56, 123
puerro, 136, 159

Q

queso, 38, 47, 50, 81
quinoa, 38, 47, 57, 90, 92, 134,
   144, 182

R

rábano, 38, 157
remolacha, 90, 170, 174, 192,
   208, 219, 222
romero, 151, 184
rúcula, 48, 146, 190

S

sal, 141, 147, 182, 206, 215, 238
   del Himalaya, 133, 137, 196,
   207, 219, 232
   de mar, 155, 182, 194, 212,
   222, 234
salsa, 122, 165, 199
   pico de gallo, 134
   romesco, 141
   tamari, 149, 171, 183, 190
seitán, 48
semillas, 40, 48, 69, 81, 93, 123,
   165, 199
   de cáñamo, 48, 64, 93, 231
   de calabaza , 38, 48, 64, 92, 93
   de chía, 47, 48, 64, 93, 94, 119,
   123, 155, 144, 148, 165, 174,
   199, 212, 223, 235
   de girasol, 38, 48, 64, 93, 138,
   148, 156, 180, 207, 212
   de lino (linaza), 38, 48, 64, 73,
   119, 128, 188
   de mostaza, 144, 186
   de sésamo, 38, 64, 93, 128,
   133, 138, 146, 188, 190, 206,
   229
sésamo
   semillas de, 38, 64, 93, 128,
   133, 138, 146, 188, 190, 206, 229
   aceite de, 38
setas, 47, 67, 68, 92, 93, 147,
   150, 183
   Portobello, 68, 177
soja, 22, 38, 47, 48

T

tahina, 149, 160, 170, 215, 222
taro, 38,
te, 69, 90, 93, 118, 123, 165
tempeh, 93, 171
tofu, 93, 159

tomate, 56, 57, 90, 130, 133, 134,
   141, 152, 157, 177, 186, 188,
   190, 194, 196, 218, 219, 223
   cherry, 160, 190, 212, 220, 222
   deshidratado, 155, 226
   pasta de, 155, 178, 188, 224
   seco, 212
tomillo, 69, 171, 177, 188, 211, 223
trigo, 38, 47, 57, 58, 90, 122,
   164, 199

U

uva, 38, 57

V

vainilla, extracto de, 148, 235,
   236, 240
vinagre, 93
   blanco, 141
   de manzana, 140, 176, 186

Y

yogur, 47, 67, 81, 89
yuca, 38, 40, 57

Z

zanahoria, 38, 90, 92, 130, 140,
   144, 149, 150, 160, 172, 178,
   183, 184, 194, 206, 210, 215,
   220, 222, 226, 236
zumo,
   de lima, 238
   de limón, 130, 133, 149, 151,
   154, 157, 160, 170, 178, 180,
   186, 196, 207, 208, 215, 216,
   219, 220, 222, 223, 224, 235
   de naranja, 146, 190, 208, 220,
   235

ÍNDICE DE DOLENCIAS Y REMEDIOS

A

ácido/acidez, 20, 23, 24, 26, 31, 45, 50
  biliar, 55
  clorhídrico, 78
  estomacal, 27, 78, 88
  fítico, 57, 62
  fólico, 52, 66
  graso, 53, 61, 63, 64, 69, 73
  lácticos, 65, 66
  linoleico conjugado, 68
  úrico, 26, 41, 42, 46
acné, 22, 58, 98, 116
actividad física, 32, 33, 34, 111, 122
afectaciones
  cardiovasculares, 24
alcohol, 26, 31, 54, 59, 69, 71, 107, 164, 199 0
alergia, 21, 22, 48, 70, 73, 98
alzhéimer, 63, 98
aminoácidos, 63, 70, 79
  esenciales,43, 45, 46, 49, 64
ansiedad, 19, 66, 106, 119
antibióticos, 50, 54, 73
  naturales, 70
antioxidantes, 18, 20, 23, 26, 40, 48, 52, 54, 55, 56, 64, 67, 68, 69, 71, 89, 115, 119, 122, 123, 228
aromaterapia, 119
artritis, 54
asma, 22, 98
autismo, 66
ayuno, 32, 85
ayurveda, 53, 83, 84, 198

B

bacterias, 24, 31, 53, 55, 65, 72
  anaeróbicas, 65
  bifido-, 65, 74
  gastrointestinales, 27
  malas, 42
  probióticas, 65

C

cálculos renales, 24
cáncer, 27, 45, 48, 51, 52, 54, 63, 66, 68, 98, 99
cándida, 66
cansancio, 24, 79, 116, 118
  crónico, 30
cardiopatías, 54, 61, 98, 99
caries, 24
celiaquía, 58
células
  envejecimiento de las, 46, 54, 86
  reparación de las, 24, 30, 42, 118
  tumorales, 24
celulitis, 98
colágeno, 43, 54, 55
colesterol, 46, 49, 50, 53, 55, 61, 73, 99
colesterolemia, 27
colon,
  depuración del, 27
  irritable, 20, 22, 53, 54, 58, 73, 74
Crohn, enfermedad de, 54

D

depresión, 24, 66
depuración del organismo, 20, 24, 30, 40, 52, 55, 78, 83, 84, 88, 114, 115, 116, 117, 118, 119, 164, 198
descanso, 117, 118
desequilibrios hormonales, 24
diabetes, 27, 53, 70, 86, 98, 99
diarreas, 54, 58, 116
digestión, 20, 44, 46, 49, 53, 58, 60, 62, 66, 67, 68, 74, 78, 80, 81, 83, 84, 85, 86, 88, 90, 91, 105, 119, 122, 165, 198
  mala, 20, 53, 58, 87
  tiempos de, 86
diurético, 69, 88
diverticulitis, 98

dolor
  abdominal, 58
  de cabeza, 22, 58, 60, 61, 116, 119

  de garganta, 69, 116

  dental, 88
  en articulaciones, 24, 55, 58, 61, 69
  muscular, 24, 58, 69

E

eczema, 20, 58, 98
embolia, 98
energía, 18, 20, 24, 30, 31, 32, 33, 34, 40, 46, 49, 53, 54, 61, 69, 74, 78, 79, 85, 86, 90, 92, 106, 107, 115, 117, 119, 122, 165, 198, 230
enfermedades,
  autoinmunes, 73
  cardiovasculares,46, 48, 50, 66, 99
  degenerativas,45, 46, 63, 98
  renales, 45, 52, 98
  respiratorias, 98
envejecimiento, 24, 54, 86
  anti-, 27
  prematuro, 24
enzimas, 20, 31, 44, 52, 51, 70, 72, 78, 79, 81, 87, 89, 105, 117
  activas, 18, 80, 198
  digestivas, 63, 66, 74
escorbuto, 54
estreñimiento, 22, 58, 69, 88,98
estrés, 19, 20, 23, 24, 32, 71, 73
estrógenos, 68

F

fatiga, 20, 22, 30, 58
faringitis, 24

G

gases, 22, 31, 53, 62, 63, 67, 69,

79, 80, 81, 83, 87, 122
gastritis, 53, 54
gengivitis, 88
gluten, 23, 48, 59, 78, 90, 92, 122
  intolerancia al, 58, 60, 61, 63
gota, 24, 98
gripe, 98

H
hemorroides, 98
hidratación, 27, 40, 84, 87, 118,
  123
hipersensibilidad, 22
hipertensión, 27, 99
homeostasis, 45
hormigueo, 27
hormonas, 19, 20, 44, 50, 85
  del crecimiento, 51

I
infecciones, 24, 54, 69, 73
inflamación, 19, 20, 24, 31, 46,
  50, 58, 72, 73, 164
insomnio, 20
intolerancias, 21
irritabilidad, 24

L
laxantes naturales, 119

M
mareos, 53, 116, 118, 119
masa muscular, 24
masticación, 105, 106, 117,
  119, 123, 165
medicamentos, 24
meditación, 108, 109
memoria, pérdida de, 24
migraña, 20, 22, 58
mucosidad, 22

N
náuseas, 27, 68, 116
neumonía, 98

O
osteoporosis, 24, 45, 50, 98
oxidación, 19, 46

P
peso, 110, 163
  aumento de, 24, 94, 115,
  164, 198
  disminución de, 27, 30, 57,
  90, 92, 93, 114, 115, 122, 164,
  198
piel
  mejora de la, 27, 55, 63, 73,
  88, 118, 164
  problemas de la, 20, 115, 116
  seca, 22

R
reflujo, 27
respiración, 106, 109

S
salud
  emocional, 18 ,19, 24, 31, 32, 66
  física, 19, 117
  mental, 98, 117
sangre, , 23, 42, 72
  acidez de la, 20, 24
  azúcar en la, 53, 58, 61, 69, 71,
  86, 87, 89, 99
  viscosidad de la, 27
sinusitis, 69
sobrepeso, 85
suicidio, 98

T
tabaco, 53, 54, 99, 107
TDA (trastorno por déficit de
  atención), 66
temblor de manos, 27
tensión
  emocional, 19
  mental, 19
tiroides, 67
tonificante, 18

toxinas, 19, 20, 24, 42, 54, 55, 88,
  114, 116, 117, 118, 119, 164

V
virus, 21, 24, 50, 53, 55
vitaminas, 18, 20, 21, 26, 40, 42,
  43, 63, 67, 69, 70, 123, 198, 228
  grupo A, 52
  grupo B, 57, 61, 64, 66, 67, 72,
  73
  grupo C, 52, 54, 55, 56, 66, 69,
  71, 81, 87, 88, 89
  grupo D, 68, 72, 73
  grupo E, 48, 52, 57, 63, 64
  grupo K, 52, 66
  termolábiles, 52, 87
vómito, 27, 68

Z
zeaxantina, 64

AGRADECIMIENTOS

Estas son quizá las páginas del libro que más me emocionan, porque me llevan a hacer una retrospección de mi historia durante la escritura de todo lo que acabáis de leer. Y es que la vida pasa, y a todos nos pasan cosas…

Desde que empecé a escribir este libro seriamente hasta el momento de su publicación, ha pasado más de año y medio. ¿Qué puede pasarle a uno en tantos meses de vida? Desde luego que, a mí, mil y una cosas…

Los que me acompañáis en las redes sociales sabréis que me muevo mucho. Soy un poco trotamundos, o un poco nómada. ¿Motivo? Por inquietud, por buscar, por aprender de nuevas experiencias… Teniendo en cuenta que *El alquimista* es mi libro favorito, me entenderéis si os digo que creo que estoy construyendo mi leyenda personal.

El libro COME LIMPIO tiene esencia de muchos rincones del mundo, ya sea porque he escrito fragmentos de él en diferentes países o porque, claramente, cada viaje me ha brindado un nuevo aprendizaje que ha quedado reflejado en mi escritura o en el mensaje que quiero transmitir. Empecé a escribir el libro en verano de 2017, momento en el cual vivía en Massachusetts. Poco después, me fui a Cuba por unas semanas para desconectar de la tecnología, y ese viaje me ayudó a reencontrarme y a regresar con más fuerzas para comunicar mi visión de la vida. Seguidamente, me fui a Barcelona, donde visité a mi familia y seguí con mis proyectos, mientras a ratitos seguía con la redacción. Botswana fue el siguiente destino; unas bonitas semanas de introspección y de soltar miedos, en las que vi que no había límites en aquello que me propusiera hacer en la vida. El esquema de cómo quería enfocar el libro se concretó allí. Argentina me estaba esperando para la promoción de mi libro *Batidos verdes*; una vez más, el hecho de ver otras formas y estilos de vida y pensamiento, a pesar de hablar el mismo idioma… ¡cómo le ensancha a uno la mente!… En ese viaje decidí que ya tenía suficiente de vivir en el frío y me mudé a Miami, en busca del calor y de mi gente latina. No habían llegado aún las Navidades y me fui a vivir un mes y medio a Ciudad de México, un país delicioso, que llevo en el corazón y donde redacté gran parte del libro, en las oficinas de WeWork de Reforma… ¡Qué recuerdos! ¡Y qué días…! De regreso a Miami, me inspiré para crear todos los menús y recetas del libro. En mi apartamento, practicando yoga y meditación todos los días para tener más creatividad, paz y fluidez en la cocina y en la redacción.

La creación de la comunidad COME LIMPIO virtual y mi colaboración en medios de comunicación marcó una pausa en la escritura. Además, algunas emociones que no dejaban a mi corazón tranquilo frenaron la creación. Me prometí a mí misma, antes de empezar, que este libro sería escrito desde y para el corazón y sin estar bajo presión. Así ha sido en la medida que me ha sido posible; solo cuando me he sentido bien y con el corazón lleno han salido palabras para el libro, y es que esta es la energía que quería que sintieras mientras lo leías.

Quiero dar las gracias a todas las personas que me han acompañado a lo largo de estos casi dos años y a las experiencias vividas. Gracias a todos mis maestros, porque todos forman parte del libro. Esta vez no voy a hacer mención de cada una de estas personas porque cada una ya se va a sentir aludida y reconocida en mis páginas. Solo quiero darles las gracias por haberme dado la oportunidad de vivir todo lo vivido, y les estoy agradecida también por todo lo que vendrá.

Deseo que este libro haya sido y siga siendo una herramienta para acompañarte en tu camino de salud y bienestar y que te haya servido para descubrir nuevos conceptos o puntos de vista. Deseo que tú también los compartas y animes a quien creas que se pueda beneficiar de ellos a que lo lea.

No ha sido tarea fácil elegir los temas que tratar y limitarme tanto en la explicación de cada uno de ellos. El libro solo trata pinceladas de cada temática y, como todo, el mundo de la nutrición es muy cambiante: incluso yo misma durante el tiempo de redacción he ido reciclándome con lecturas y cursos de especialización que me han ayudado a redefinir conceptos. En él he volcado todo mi conocimiento y amor por una mejor alimentación con la intención de aportar mi granito de arena o salud al mundo, y desearía que lo recibieras teniendo en cuenta esa intención.

Para poder aportarte más información de actualidad, te sugiero que me acompañes en las redes, donde podrás leer mis últimos artículos y yo podré responder a tus dudas o comentarios.

Dicho esto, me despido de ti escribiendo estas últimas líneas desde el vestíbulo de un hotel del centro de Barcelona, tras pasar unos días con mi familia y seguir con mi trabajo a este lado del charco. Ya estoy más que lista para regresar a Estados Unidos y esta vez hacer maletas grandes para seguir rodando por el mundo.

Nos vemos en el próximo libro, en las redes y ¡ojalá! en persona. Deseo seguir difundiendo salud con mucho amor y cada vez con más consciencia de que todo y todos evolucionamos, de que no hay verdades absolutas y de que todo es aprendizaje.

NAMASTÉ

BIBLIOGRAFÍA

Afshin, Ashkan; Micha, Renata; Khatibzadeh, Sahab; Mozaffarian, Dariush (2014). «Consumption of nuts and legumes and risk of incident inschemic heart disease, stroke, and diabetis: a systematic review and meta-analysis». *The American Journal of Clinical Nutrition*, Vol. 100(1), p. 278-288.

Baillie-Hamilton, Paula F. (2004). «Chemical Toxins: A Hypothesis to Explain the Global Obesity Epidemic». *The Journal of Alternative and Complementary Medicine*, Vol. 8(2).

Baránski, Marcin, *et al.* (2014). «Higher antioxidant and lower cadmium concentrations and lower incidence of pesticide residues in organically grown crops: a systematic literature review and meta-analyses». *The British Journal of Nutrition*, Vol. 112(5), pp. 794-811.

Bazzano, L. A. ; Thompson, A. M.; Tees, M. T.; Nguyen, C. H.; Winham, D. M. (2011). «Non-soy legume compsumtion lowers cholesterol levels: a meta-analysis of randomized controlled trials». *Nutrition, Metabolism & Cardiovascular Diseases,* Vol. 21(2), p. 94-103.

«Calcium in plant-based diets». Physicians Committee for Responsible Medicine.

Campbell, T. Colin; Campbell, Thomas M. (2012). *El estudio de China.* Editorial Sirio.

Campbell, T. Colin (2014). «The Mystique of Protein and Its Implications». Center for Nutrition Studies: recuperado de nutritonstudies.org

Chai, Weiwen; Liebman, Michael (2005). «Effect of Different Cooking Methods on Vegetable Oxalate Content». *Journal of Agricultural and Food Chemistry*, Vol. 53(8), pp. 3027–3030.

Chambial, Shailja; Dwivedi, Shailendra, Shukla, Kamla Kant; Placheril, John; Sharma, Praveen (2013). «Vitamin C in Disease Prevention and Cure: An Overview». *Indian Journal of Clinical Biochemistry*, Vol. 28(4), pp. 314-328.

Clínica Cunill. «¿Cómo afecta el estrés a nuestro cuerpo?». Clinica Cunill: recuperado de clinicacunill.com

Cousens, Gabriel (2000). *Conscious Eating.* North Atlantic Books: segunda edición.

Cousens, Gabriel; Tree of Life Cafe Chefs (2003). *Rainbow Green Live-Food Cuisine.* North Atlantic Books.

Cutler, Ellen (2005). *MicroMiracles: Discover the Healing Power of Enzymes.* Rodale Books.

Heron, Melonie (2018) «Deaths: Leading Causes for 2016». *National Vital Statistics Reports*, Vol. 67(6), pp. 1–76.

Devi, Chingakham Basanti; Kushwaha, Archana; Kumar, Anil (2015). «Sprouting characteristics and associated changes in nutritional composition of cowpea (*Vigna unguiculata*)». *Journal of Food Science and Technology*, Vol. 52(10), pp. 6821-6827

«Diabetes»: recuperado de nutritionfacts.org

«Dirty Dozen: EWG's 2018 Shopper's Guide to Pesticides in Produce» (2018). Environmental Working Group: recuperado de www.ewg.org

Esselstyn, Caldwell B. Recuperado de www.dresselstyn.com

«The Facts». Cowspiracy, the sustainability secret: recuperado de www.cowspiracy.com

Fenton, Tanis R.; Huang, Tian (2016). «Systematic review of the association between dietary acid load, alkaline water and cancer», *BMJ Open*, Vol 6(6).

Fiala, Nathan (2009). «How Meat Contributes to Global Warming». *Scientific American*: recuperado de www.scientificamerican.com

«Fiber». Harvard T. H. Chan School of Public Health: recuperado de www.hsph.harvard.edu

Gerson, Charlotte (2001). *The Gerson Therapy: The Proven Nutritional Program to Fight Cancer and other Illnesses*. Kensington.

«Getting Clarity About Calcium» (2015). Forks over Knives: recuperado de wwww.forksoverknives.com

Goldhamer, Alan (2010). «No Body needs Milk». Center for Nutrition Studies: recuperado de nutritionstudies.org

Graham, Douglas N. (2006). *80/10/10 Diet*. FoodnSport Press.

Greger, Michael (2017) «Best Foods to Avoid for Eczema». *Nutrition Facts*. Vol. 39. Recuperado de nutritionfacts.org

Gupta, Raj Kishor; Gangoliya, Shivraj Singh; Singh, Nand Kumar (2013). «Reduction of phytic acid and enhancement of bioavailable micronutrients in food grains». *Journal of Food Science*, Vol. 52(2), pp. 676–684.

«How stress affects your health». American Psychological Association: recuperado de www.apa.org

Hu, Frank B.; *et al.* (1999). «A prospective study of egg consumption and risk of cardiovascular disease in men and woman». *JAMA*, 281(15), p. 1387–1394.

Hunt, Curtis D; Johnson, LuAnn K. (2007). «Calcium requirements: new estimations for men and women by cross-sectional statistical analyses of calcium balançe data from meabolic studies». *The American Journal of Clinical Nutrition*, Vol. 86(4), pp. 1054–1063.

«Key facts and findings». Food and Agriculture Organization of the United Nations: recuperado de www.fao.org

Koufman, J. A.; Johnston, N. (2012). «Potencial benefits of pH 8.8 alkaline drinking water as an adjunct in the treatment of reflux disease», *Annals of Otology, Rhinology & Laryngology*, 121(7), pp. 431–434.

Landau, Elizabeth (2010). «Why are food allergies on the rise?» CNN: recuperado de edition.cnn.com

Lanou, Amy Joy; Berkow, Susan E.; Barnard, Neal D. (2005). «Calcium, Dairy Products, and Bone Health in Children and Young Adults: A Reevaluation of the Evidence». *Pediatrics*, Vol. 115(3), pp. 736–743.

Laursen, Marisa (2015) «Ayurveda and Cycles of Time: How the Doshas Rule the Day». California College of Ayurveda: recuperado de www.ayurvedacollege.com

Li, William [TED-Ed] (2014) «Can we eat to starve cancer?» [Archivo de vídeo]. Recuperado de angio.org

Margulis, Sergio (2004). *Causes of Deforestation of the Brazilian Amazon*. World Bank Working Papers, n.º 22.

McDougall, John A.; Bartner, Howard (2006). *Digestive Tune-up*. Healthy Living Publications.

McDougall, John A.«Eggs are for Easter»: recuperado de www.drmcdougall.com

Mercola, Joseph. «Everything you need to know about intermitent fasting». Recuperado de www.mercola.com

Mills, Milton R. «The Comparative Anatomy of Eating».

Minich, D. M.; Bland, J. S. (2007). «Acid-alkaline balance: role in chronic disease and detoxification». *Alternative Therapies in Health and Medicine*, 13(4), pp. 62–65.

«PCBs in Fish and Shellfish». Environmental Defense Fund.

«Protein and amino acid requirements in human nutrition: report of a joint FAO/WHO/UNU expert consultation» (2007). *WHO Technical Report Series*, n.º 935.

Sáez, Cristina (2018). «Si la fibra le sienta tan bien es gracias a su microbiota intestinal». Gut Microbiota for Health: recuperado de www.gutmicrobiotaforhealth.org

Schneiderman, Neal; Ironson, Gail; Siegel, Scott D. (2004-2005). «Stress and Health: Psychological, Behavioral, and Biological Determinants», *Annual Review of Clinical Psychology*, Vol. 1, pp. 607-628.

Shelton, Herbert M. (1951). *Food Combining Made Easy*. Martino Fine Books: 2013.

«Short-chain fatty acids» (2016). Gut Microbiota for Health: recuperado de www.gutmicrobiotaforhealth.org

Simopoulos, A. P. (2002). «The importance of the ratio of omega-6/omega-3 essential fatty acids». *Biomedicine & Pharmacotherapy*, Vol. 56(8), pp. 365–379.

Stover, Patrik J. (2010) «Vitamin B12 and older adults». *Current Opinion in Clinical Nutrition and Metabolic Care*, Vol. 13(1), pp. 24–27.

Thornton, Philip; Herrero, Mario; Ericksen, Polly (2011). «Livestock and climate change». *Livestock Exchange* (3). International Livestock Research Institute.

Turner-McGrievy, Gabrielle M, *et al.* (2015) «Randomization to plant-based dietary approaches leads to larger short-term improvements in Dietary Inflammatory Index scores. and macronutrient intake compared with diets that contain meat». *Nutrition Research*, Vol. 35(2), pp. 97-106.

«Vitamina B12: Hoja informativa para consumidores». Recuperado de ods.od.nih.gov

«Vitamina C». Recuperado de medlineplus.gov

«Vitamin D and your health: Breaking old rules, rising new hopes» (2007). Harvard Health Publishing: recuperado de www.health.harvard.edu

Wang, Rui; Paul, Valerie J.; Luesch, Hendrik (2013). «Seaweed extracts and unsaturated fatty acid constituents from the green alga *Ulva lactuca* as activators of the cytoprotective Nrf2-ARE pathway».

«What are probiotics?» Recuperado de www.webmd.com

«What you need to know about Vitamin C». Dietitians of Canada: recuperado de www.unlockfood.ca

Young, Robert O., Young, Shellet Redford (2010). *The pH Miracle*. Grand Central Life & Style. *Free Radical Biology and Medicine*, Vol. 57, pp. 141–153.

Zeratsky, Katherine (2018). «Is alkaline water better for you than plain water?». Mayo Clinic: recuperado de www.mayoclinic.org

1.ª edición: marzo de 2019

© de la edición original: Zahorí de Ideas, SL
© del texto: Carla Zaplana
© de las fotografías, María Ángeles Torres
y Alberto Polo
All Rights Reserved
Copyright © 2017 by Ediciones Urano, S.A.U.
Plaza de los Reyes Magos 8, piso 1.º C y D –28007 Madrid
www.edicionesurano.com

Idea original, coordinación y realización editorial:
Zahorí de Ideas, SL
www.zahorideideas.com

Diseño de cubierta e interior: LaRulotte; MOT
Maquetación: Zahorí de Ideas
Estilismo de las fotografías: María Ángeles Torres
Ilustraciones: Aina Bestard
Edición: Diana Novell y Ariadna Garcia
(Zahorí de Ideas)

ISBN: 978-84-16720-19-4
Depósito legal: B 2423-2019
Impreso en Eslovenia (GPS Group)